Slow Cooking 2023

Laat Je Verleiden door de Heerlijke Smaken van Langzaam Gegaarde Gerechten

Annabel de Haan

inhoudsopgave

Hartige Worstensandwiches 10

Landelijke Rookworsten 12

Rundvleestaco's die je moet eten 14

Havermout Met Pruimen En Abrikozen 16

Muesli Met Kokos En Pinda's 18

Broodjes Kaasbiefstuk 20

Biersnacks met champignons en uien 22

Heerlijke broodjes worst en zuurkool 24

Kerst Worst Braadpan 26

Overnachtingsworstschotel 28

Sandwiches met varkensvlees bij zonsopgang 30

Broodjes Pulled Pork met Bier 32

Mama's Apple Crisp 34

Vegetarische Quinoa Met Spinazie 36

Makkelijke quinoa met kaas en groenten 38

Boerenkool Frittata Met Worsten 40

Heerlijke weekend frittata 42

Vegetarisch ontbijt genot 44

Eiwitrijke Bacon Frittata	46
Champignon en Chili Omelet	48
Banaan Pecan Havermout	50
Hartige Haver Met Walnoten	52
Frittata van tomaat en artisjok	54
Worst Champignon Omelet Braadpan	56
Pompoentaart Staal Gesneden Haver	58
Cacao gesneden haver	60
Havermout met walnoten en pompoen met bosbessen	62
Havermout Met Cacao En Bananen	64
Ham En Kaasquiche	66
Boerenworst en Bloemkoolontbijt	68
Broccoli Worst Braadpan	70
Winterochtend worst en groenten	72
Florentijnse Eieren Met Oesterzwammen	74
Bananenfrittata met walnoten	78
Heerlijke Gekruide Pompoen Frittata	80
Gekruide pap voor drukke ochtenden	82
Familie winterpap	84
Geweldige appel havermout met pruimen	86
Tropische nachtelijke haver	88

Engelse muffins met tomatengarnituur 90

Zuidelijke romige korrels 92

Oma's Grits Met Parmezaanse Kaas 94

Super groente- en spekschotel 96

heerlijke tarwebessen 98

Ontbijtgranen met meergranen 99

Ontbijtgranen Met Fruit En Pindakaas 100

Spinazie Quiche Met Kaas 102

Broccoli en Bloemkoolsoep 104

Familie Broccoli en Spinazie Soep 106

Heerlijke Crème van Asperge Soep 108

Romige Bloemkool Aardappelsoep 110

Gemakkelijke Sunday Beef Sandwiches 112

luie man pizza 113

Chocolade Wentelteefjes Met Honing En Bananen 115

Smelt-in-je-mond wentelteefjes 117

Zelfgemaakte yoghurt met croissants 120

Gesneden Havermout Met Bosbessen En Kokosnoot 122

Overnight Oats Met Gedroogd Fruit 124

Oranje maanzaadbrood 125

Spek En Groente Quiche 127

Gekruide Havermout Met Walnoten 129

Ham en Kaas Family Delight 131

Halloweenbrood met Amerikaanse veenbessen 133

Broodpudding met gedroogde vijgen 135

Gekruide Appelbroodpudding 137

Oma's Appel Havermout 139

Kinderen Chocolade Havermout 141

Vanille en Bosbessen Quinoa 143

Quinoa Appel Sinaasappel 145

Gemakkelijke Heerlijke Ontbijtbraadpan 146

Hash Browns in restaurantstijl 148

Romige Kokosnoot Havermout Met Pompoenpitten 150

Vanille Amandel Haver 152

heerlijk winterontbijt 154

Kaas Fries Ovenschotel 156

Thanksgiving Spek Braadpan 158

geweldige gekruide omelet 160

westerse omelet 's nachts 162

Groente- en Hambraadpan 164

Romige Havermout Met Bessen 166

Veganistische staal gesneden haver 168

Pompoen Staal Gesneden Haver	170
Overheerlijke French Toast Casserole	172
Tater Tot Ontbijt Braadpan	174
Zacht en heerlijk karnemelkbrood	176
heerlijk kruidenbrood	178
Cranberry Rozijnen Zemelen Brood	180
Slordige Joe Burgers	182
Walnotengranola met kokosolie	184
Maisbrood met Kruiden Chili	186
Bananenbrood met caramelsmaak	188
Pompoen- en amandelbrood	190
rozemarijnbrood met kaas	192
Vegetarische Sloppy Joe's	193
Luxe steaksandwiches	195
De lekkerste vleessandwiches	197
Broodjes BBQ-kip	199
Broodjes Pittig Varkensvlees	201
Zomerse granola met zaden	203
Makkelijk te maken dadel granola	205
Esdoorn Kokos Granola	207
sandwiches met pulled pork	209

sandwiches met wintervlees.. 211

Tomatensoep voor elke dag.. 213

Vier Kaas Macaroni Braadpan.. 214

Romige Groentenoedelschotel 215

ouderwetse pasta bolognese... 217

Hartige Worstensandwiches

(Klaar in ongeveer 6 uur | 6 personen)

Ingrediënten

- 8 verse worstlinks
- 1 kopje runderbouillon
- 4 kopjes spaghettisaus
- 1 fijngehakte Spaanse peper
- 1 rode paprika in plakjes gesneden
- 1 groene paprika, in plakjes
- 1 kop gehakte bieslook
- 1 flinke eetlepel verse peterselie
- 1 volle eetlepel verse koriander
- 6 cocktailbroodjes, in de lengte doorgesneden

Adressen

1. Doe de worstjes, runderbouillon, spaghettisaus, chilipeper, paprika en lente-uitjes in een crockpot. Voeg de peterselie en koriander toe. Roer om te combineren.

2. Dek af met een deksel; 6 uur op laag vuur koken. Serveer op cocktailrolletjes en geniet ervan!

Landelijke Rookworsten

(Klaar in ongeveer 6 uur | 6 personen)

Ingrediënten

- 1 eetlepel extra vergine olijfolie
- 6 groene uien, in plakjes
- 1 gele paprika, in plakjes
- 1 rode paprika in plakjes gesneden
- 4 teentjes knoflook, geperst
- 2 pond rookworst
- 1 (28-ounce) blik tomaten, in blokjes
- 1 theelepel zout
- 1/2 theelepel gemalen zwarte peper
- 1/2 theelepel gemalen rode pepervlokken
- mosterd om te versieren

Adressen

1. Verhit de olijfolie in een grote koekenpan op middelhoog vuur. Fruit de uien, paprika, knoflook en worst tot de groenten zacht zijn en de worstjes lichtbruin zijn. Breng over naar de crockpot.

2. Voeg de tomaten, zout, zwarte peper en rode peper toe.

3. Kook op laag vuur ongeveer 6 uur. Serveer met je favoriete mosterd.

Rundvleestaco's die je moet eten

(Klaar in ongeveer 8 uur | 6 personen)

Ingrediënten

- 1 ½ pond rosbief, zonder bot
- 1 grote rode ui, in plakjes
- 1 kopje runderbouillon
- 1 pot (16 ons) tacosaus
- 12 tacoschelpen
- 2 komkommers, dun gesneden
- 2 rijpe tomaten, in plakjes

Adressen

1. Doe de rosbief en de gesneden ui in een crockpot. Giet runderbouillon en tacosaus erbij.

2. Kook op LAAG gedurende 8 uur of 's nachts.

3. Snijd 's ochtends het vlees in reepjes.

4. Vul tacoschelpen met versnipperd vlees; voeg komkommer en tomaat toe en serveer!

Havermout Met Pruimen En Abrikozen

(Klaar in ongeveer 8 uur | 4 personen)

Ingrediënten

- 1 kopje staal gesneden haver
- 4 ½ kopjes water
- 1/2 theelepel geraspte gember
- 1/2 theelepel piment
- 1/2 theelepel gemalen kaneel
- 1/2 theelepel zout
- 3 eetlepels boter
- 1/2 kop pruimen
- 1/2 kopje gedroogde abrikozen
- Ahornsiroop, naar smaak

Adressen

1. Doe alle ingrediënten in een aarden pot.

2. Dek af en laat ongeveer 8 uur sudderen.

3. Serveer met melk en eventueel wat extra fruit.

Muesli Met Kokos En Pinda's

(Klaar in ongeveer 2 uur | 12 personen)

Ingrediënten

- 4 kopjes gerolde haver
- 4 kopjes water
- 1 theelepel piment
- 1/4 theelepel kurkuma
- 1 kopje tarwekiemen
- 1 kopje natuurlijke bakzemelen
- 1/2 kop geraspte kokosnoot, ongezoet
- 1/2 kopje bruine suiker
- 4 eetlepels gesmolten boter
- 1 theelepel amandelextract
- 2 eetlepels pompoenpitten
- Pinda's om te versieren

Adressen

1. Voeg alle ingrediënten behalve de pinda's toe aan je crockpot.

2. Dek af met een deksel; kook op hoog vuur ongeveer 2 uur, twee keer roeren. Verdeel over 12 serveerschalen, strooi de gehakte pinda's erover en serveer!

Broodjes Kaasbiefstuk

(Klaar in ongeveer 8 uur | 8 personen)

Ingrediënten

- 1 pond ronde biefstuk, dun gesneden
- 1 kop gesneden uien
- 1 groene paprika, in plakjes
- 1 kopje runderbouillon
- 1 fijngehakt teentje knoflook
- 2 eetlepels droge rode wijn
- 1 eetlepel worcestershiresaus
- 1 theelepel selderijzaad
- 1/2 theelepel zout
- 1/4 theelepel gemalen zwarte peper
- 8 hamburgerbroodjes
- 1 kopje mozzarellakaas, geraspt

Adressen

1. Combineer alle ingrediënten, behalve de broodjes en kaas, in je crockpot.

2. Dek af en kook op laag vuur gedurende 6 tot 8 uur.

3. Maak sandwiches met broodjes, bereide vleesmix en kaas. Serveer warm en geniet ervan!

Biersnacks met champignons en uien

(Klaar in ongeveer 8 uur | 8 personen)

Ingrediënten

- 8 verse worsten
- 2 (12 ounce) 3 flessen bier
- 1 kop champignons, in plakjes
- 2-3 teentjes knoflook, fijngehakt
- 1 rode ui gesneden
- 1 rode paprika in plakjes gesneden
- 1 theelepel zeezout
- 1/4 theelepel gemalen zwarte peper
- 1 theelepel gehakte poblano chili
- 8 hotdogbroodjes

Adressen

1. Combineer alle ingrediënten, behalve de broodjes, in een crockpot.

2. Kook, afgedekt, op laag vuur gedurende 6 tot 8 uur.

3. Serveer gekookte worstjes en groenten op broodjes. Voeg indien gewenst mosterd, ketchup en zure room toe.

Heerlijke broodjes worst en zuurkool

(Klaar in ongeveer 8 uur | 6 personen)

Ingrediënten

- 6 verse worsten naar keuze
- 1 middelgrote ui gesnipperd
- 1 kop zuurkool
- 1 kleine appel, geschild, klokhuis verwijderd en in dunne plakjes gesneden
- 1 theelepel karwijzaad
- 1/2 kopje kippenbouillon
- Zout naar smaak
- 1/2 theelepel gemalen zwarte peper
- 6 hotdogbroodjes
- Tomatensaus om te versieren
- mosterd om te versieren

Adressen

1. Doe de worstjes in een crockpot. Voeg vervolgens de ui, zuurkool, appel, karwijzaad, kippenbouillon, zout en zwarte peper toe.

2. Kook, afgedekt, op laag vuur gedurende 6 tot 8 uur.

3. Maak sandwiches met broodjes en serveer ze met ketchup en mosterd.

Kerst Worst Braadpan

(Klaar in ongeveer 8 uur | 8 personen)

Ingrediënten

- Met boter gearomatiseerde kookspray met anti-aanbaklaag
- 1 pakje (26 ons) bevroren hash browns, ontdooid
- 1 courgette, in dunne plakjes
- 1 kopje volle melk
- 10 losgeklopte eieren
- 1 theelepel zeezout
- 1/4 theelepel gemalen rode pepervlokken
- 1/4 theelepel gemalen zwarte peper
- 1 theelepel karwijzaad
- 1 eetlepel gemalen mosterd
- 2 kopjes worst
- 2 kopjes cheddarkaas, geraspt

Adressen

1. Vet een crockpot in met anti-aanbakspray. Spreid de hash browns uit om de bodem van de crockpot te bedekken. Leg vervolgens courgetteplakjes neer.

2. Klop in een middelgrote kom de melk, eieren, zout, rode peper, zwarte peper, karwijzaad en gemalen mosterd door elkaar.

3. Verhit een gietijzeren koekenpan op middelhoog vuur. Kook vervolgens de worstjes tot ze bruin en kruimelig zijn, ongeveer 6 minuten; gooi het vet weg.

4. Leg de worst op de courgettelaag en besmeer met cheddarkaas. Giet het ei- en melkmengsel over de kaaslaag.

5. Kook op laag vuur gedurende 6 tot 8 uur. Serveer warm met wat extra mosterd.

Overnachtingsworstschotel

(Klaar in ongeveer 8 uur | 12 personen)

Ingrediënten

- 1 ½ kopje pittige worst
- 1 rode ui gesnipperd
- 2 geperste knoflookteentjes
- 1 zoete paprika, in dunne plakjes gesneden
- 1 jalapenopeper
- 1/4 kopje verse peterselie
- 1 volle eetlepel verse koriander
- 1 pakket (30 ons) aardappelen, gehakt, versnipperd en ontdooid
- 1 1/2 kopjes pittige kaas, geraspt
- 1 kopje melk
- 12 eieren
- 1 theelepel droge mosterd
- 1 theelepel selderijzaad

- 1/2 theelepel zout

- 1/8 theelepel peper

- 1/4 theelepel cayennepeper

Adressen

1. Kook worst in een middelgrote koekenpan met anti-aanbaklaag op middelhoog vuur; uitlekken en reserveren.

2. Meng in een middelgrote kom de ui, knoflook, paprika, jalapeñopeper, peterselie en koriander. Roer goed om te combineren.

3. afwisselende lagen. Doe 1/3 van de opgebakken aardappels, worst, uienmengsel en kaas in de crockpot. Herhaal op dezelfde manier de lagen twee keer.

4. Klop in een aparte kom de rest van de ingrediënten. Giet dit mengsel gelijkmatig in de crockpot.

5. Dek af en kook op laag vuur ongeveer 8 uur of 's nachts. Heet opdienen.

Sandwiches met varkensvlees bij zonsopgang

(Klaar in ongeveer 8 uur | 12 personen)

Ingrediënten

- 1 middelgroot varkensgebraad
- 1/4 theelepel zwarte peper
- 1/4 theelepel gemalen rode pepervlokken
- 1 theelepel zeezout
- 1 theelepel gedroogde tijm
- 1 eetlepel vloeibare rookaroma
- 12 krakelingbroodjes

Adressen

1. Prik in varkensvlees met een vleesvork voor het beste slowcooking.

2. Breng op smaak met kruiden en verdeel de vloeibare rook over het varkensgebraad.

3. Doe het varkensgebraad in een crockpot.

4. Dek af en kook op laag gedurende 8 tot 10 uur, draai een of twee keer.

5. Versnipper het gekookte varkensgebraad en voeg het vet toe om te bevochtigen. Maak sandwiches met krakelingbroodjes en geniet ervan!

Broodjes Pulled Pork met Bier

(Klaar in ongeveer 10 uur | 16 personen)

Ingrediënten

- 1 middelgroot varkensgebraad
- 1 grote ui, gesnipperd
- 3 teentjes knoflook, geperst
- 2 wortels, in dunne plakjes
- 1/2 theelepel gemalen zwarte peper
- 1/2 theelepel cayennepeper
- 1 theelepel zeezout
- 1 theelepel gemalen zwarte peper
- 1 theelepel komijnpoeder
- 1 blikje bier (12 vloeibare ounces)
- 1 kopje barbecuesaus

Adressen

1. Prik varkensvlees in met een vleesvork.

2. Doe alle ingrediënten, behalve de barbecuesaus, in een crockpot.

3. Zet de crockpot op hoog vuur; 1 uur koken. Zet vervolgens het vuur laag en kook nog 6 tot 8 uur.

4. Versnipper het gekookte varkensvlees en doe het terug in de crockpot. Voeg de barbecuesaus toe en kook nog 1 uur.

5. Serveer op je favoriete hamburgerbroodjes en geniet ervan!

Mama's Apple Crisp

(Klaar in ongeveer 3 uur | 6 personen)

Ingrediënten

- 2/3 kopje ouderwetse haver
- 2/3 kopje bruine suiker, verpakt
- 2/3 kopje bloem voor alle doeleinden
- 1 theelepel piment
- 1 theelepel kaneel
- 1/2 kopje boter
- 5-6 zure appels, klokhuis verwijderd en in plakjes

Adressen

1. Combineer de eerste zes ingrediënten in een middelgrote kom. Mix tot alles goed gemengd is.

2. Doe de gesneden appels in je crockpot.

3. Strooi het havermengsel over de appels in de crockpot.

4. Bedek de crockpot met drie papieren handdoeken. Zet de crockpot op hoog vuur en kook ongeveer 3 uur.

Vegetarische Quinoa Met Spinazie

(Klaar in ongeveer 3 uur | 4 personen)

Ingrediënten

- 2 eetlepels olijfolie

- 3/4 kopje gehakte bieslook

- 1 kopje spinazie

- 2 fijngehakte teentjes knoflook

- 1 kopje quinoa, afgespoeld

- 2 ½ kopje groentebouillon

- 1 kopje water

- 1 eetlepel verse basilicum

- 1 eetlepel verse koriander

- 1/4 theelepel gemalen zwarte peper

- Zout naar smaak

- 1/3 kopje Parmezaanse kaas

Adressen

1. Verhit de olijfolie in een pan op middelhoog vuur. Fruit de bieslook, spinazie en knoflook tot ze zacht en geurig zijn. Breng over naar een crockpot.

2. Voeg de overige ingrediënten toe, behalve de kaas, en dek af met een deksel.

3. Kook ongeveer 3 uur op LOW.

4. Voeg Parmezaanse kaas toe, proef en breng op smaak; bijwonen!

Makkelijke quinoa met kaas en groenten

(Klaar in ongeveer 3 uur | 4 personen)

Ingrediënten

- 2 eetlepels gesmolten margarine
- 1 middelgrote ui gesnipperd
- 1 fijngehakt teentje knoflook
- 1 kop champignons, in plakjes
- 1 zoete rode paprika
- 1 kopje quinoa, afgespoeld
- 2 kopjes groentebouillon
- 1 ½ kopje water
- 1 flinke eetlepel verse peterselie
- 1 volle eetlepel verse koriander
- 1/4 theelepel gemalen rode pepervlokken
- Een snufje gemalen zwarte peper
- Zout naar smaak

- 1/3 kopje Parmezaanse kaas

Adressen

1. Verhit de margarine in een middelgrote koekenpan op middelhoog vuur.

2. Fruit de uien, knoflook, champignons en rode paprika in hete margarine ongeveer 6 minuten of tot ze gaar zijn. Vervang een crockpot.

3. Voeg de rest van de ingrediënten toe, behalve de Parmezaanse kaas; Zet de crockpot op laag vuur en kook ongeveer 3 uur.

4. Voeg Parmezaanse kaas toe en geniet van warm!

Boerenkool Frittata Met Worsten

(Klaar in ongeveer 3 uur | 6 personen)

Ingrediënten

- Nonstick kookspray

- 3/4 kopje boerenkool

- 1 zoete rode paprika, in plakjes

- 1 zoete groene paprika, in plakjes

- 1 middelgrote rode ui, in plakjes

- 8 losgeklopte eieren

- 1/2 theelepel gemalen zwarte peper

- 1 theelepel zout

- 1 1/3 kop worstjes

Adressen

1. Combineer alle ingrediënten in een goed geoliede crockpot.

2. Breng de crockpot aan de kook en kook tot de frittata gaar is of ongeveer 3 uur.

3. Je kunt deze frittata 60 seconden in de magnetron opwarmen.

Heerlijke weekend frittata

(Klaar in ongeveer 3 uur | 6 personen)

Ingrediënten

- Nonstick kookspray
- 1 1/3 kop gekookte ham
- 1 rode paprika in plakjes gesneden
- 1 zoete groene paprika, in plakjes
- 1 lente-ui, in plakjes
- 8 losgeklopte eieren
- 1 eetlepel basilicum
- 1 volle eetlepel verse koriander
- 1 eetlepel verse peterselie
- 1 theelepel zout
- 1/4 theelepel gemalen zwarte peper
- 1/4 theelepel cayennepeper
- een paar druppels tabascosaus

Adressen

1. Vet een crockpot in met anti-aanbakspray. Combineer alle ingrediënten in de crockpot.

2. Zet de crockpot op laag vuur en kook je frittata ongeveer 3 uur.

3. Verdeel over zes borden en bestrooi eventueel met gehakte bieslook; decoreer met zure room en serveer!

Vegetarisch ontbijt genot

(Klaar in ongeveer 4 uur | Voor 4 personen)

Ingrediënten

- 2 eetlepels koolzaadolie
- 1 kop gehakte bieslook
- 1 fijngehakt teentje knoflook
- 2 middelgrote wortels, in dunne plakjes gesneden
- 1 stengel bleekselderij fijngehakt
- 1 kopje quinoa, afgespoeld
- 2 kopjes groentebouillon
- 1 ½ kopje water
- 1 eetlepel verse koriander
- Een snufje gemalen zwarte peper
- 1/4 theelepel gedroogde tijm
- 1/4 theelepel gedroogde dille
- Zout naar smaak

- 1/3 kopje Parmezaanse kaas

Adressen

1. Verhit koolzaadolie in een middelgrote koekenpan op middelhoog vuur.

2. Fruit de bieslook, knoflook, wortelen en selderij ongeveer 5 minuten, of tot de groenten gaar zijn. Breng de groenten over in een crockpot.

3. Voeg quinoa, groentebouillon, water, koriander, zwarte peper, gedroogde tijm, dille en zout naar smaak toe.

4. Dek af en kook op LOW ongeveer 4 uur.

5. Strooi Parmezaanse kaas erover en serveer heet!

Eiwitrijke Bacon Frittata

(Klaar in ongeveer 4 uur | 6 personen)

Ingrediënten

- Nonstick kookspray
- 1 kop bieslook, gesneden
- 1 1/3 kop spek
- 1 kop champignons, in plakjes
- 1 poblano chili, gehakt
- 10 losgeklopte eieren
- 1 volle eetlepel verse koriander
- 1 theelepel zout
- 1/4 theelepel gemalen zwarte peper
- 1/4 theelepel gemalen rode pepervlokken

Adressen

1. Combineer alle ingrediënten in een ingevette crockpot.

2. Zet vervolgens je crockpot op laag vuur; dek af en kook de frittata gedurende 3 tot 4 uur.

3. Snijd in zes partjes, decoreer met mosterd en serveer.

Champignon en Chili Omelet

(Klaar in ongeveer 4 uur | Voor 4 personen)

Ingrediënten

- Nonstick kookspray
- 1 groene ui, in plakjes
- 2 fijngehakte teentjes knoflook
- 2 kopjes champignons, in plakjes
- 1 Spaanse peper, gehakt
- 2 rijpe tomaten, in plakjes
- 8 losgeklopte eieren
- 1 eetlepel verse koriander
- 1 theelepel zout
- 1/4 theelepel gemalen zwarte peper
- 1/4 theelepel cayennepeper

Adressen

1. Doe alle ingrediënten in je crockpot.

2. Dek af met een deksel; 3 tot 4 uur sudderen.

3. Snijd in punten en serveer warm met zure room en tomatensaus.

Banaan Pecan Havermout

(Klaar in ongeveer 8 uur | 4 personen)

Ingrediënten

- 2 kopjes water
- 2 rijpe bananen
- 1 kopje staal gesneden haver
- 1/4 kopje walnoten, grof gehakt
- 2 kopjes sojamelk
- 1/2 theelepel kaneel
- 1 theelepel puur amandelextract
- een snufje zout
- honing naar smaak

Adressen

1. Giet water in je crockpot. Gebruik een ovenvaste kom (een glazen braadpan werkt hier) en plaats deze in je crockpot.

2. Pureer de bakbananen met een vork of pureer ze in een blender. Doe over in een ovenvaste kom.

3. Voeg de overige ingrediënten toe aan de kom.

4. Kook een nacht of 8 uur op laag vuur.

5. Roer voor het serveren goed door en voeg de ingrediënten naar keuze toe. Genieten!

Hartige Haver Met Walnoten

(Klaar in ongeveer 8 uur | 4 personen)

Ingrediënten

- 1 grote rijpe banaan
- 1 kopje staal gesneden haver
- 1/4 kopje walnoten, grof gehakt
- 2 eetlepels chiazaad
- 1 eetlepel hennepzaad
- 2 kopjes melk
- 1/4 theelepel geraspte nootmuskaat
- 1/2 theelepel kardemom
- 1/2 theelepel kaneel
- 1 theelepel puur vanille-extract
- 2 kopjes water
- Ahornsiroop om te decoreren
- vers fruit om te versieren

Adressen

1. Prak de banaan met een vork. Voeg geprakte banaan toe aan een ovenschaal. Voeg de resterende ingrediënten toe.

2. Giet water in een aarden pot.

3. Plaats de ovenschaal in de crockpot. Kook een nacht of 8 uur op laag vuur. Werk af met ahornsiroop en vers fruit.

Frittata van tomaat en artisjok

(Klaar in ongeveer 2 uur | 4 personen)

Ingrediënten

- Nonstick kookspray

- 6 grote eieren, losgeklopt

- 1 kop gehakte artisjokharten

- 1 middelgrote tomaat in stukjes

- 1 rode paprika fijngesneden

- 1 theelepel uienpoeder

- 1 theelepel knoflookpoeder

- 1/4 theelepel gemalen zwarte peper

- 1/4 theelepel cayennepeper

- 1/4 kopje geraspte Zwitserse kaas

Adressen

1. Smeer een crockpot in met kookspray.

2. Voeg alle ingrediënten toe aan de crockpot.

3. Dek af met een deksel en kook op laag vuur gedurende ongeveer 2 uur.

4. Bestrooi met kaas; laat een paar minuten staan tot de kaas smelt.

Worst Champignon Omelet Braadpan

(Klaar in ongeveer 3 uur | 4 personen)

Ingrediënten

- 1 pond kippenborstworst, in plakjes
- 1 kop gehakte bieslook
- 1 kop champignons, in plakjes
- 4 middelgrote eieren
- 1 kopje volle melk
- 1 theelepel zeezout
- 1/4 theelepel gemalen zwarte peper
- 1/2 theelepel droge mosterd
- 1/2 theelepel gegranuleerde knoflook
- 1/2 kopje geraspte Zwitserse kaas

Adressen

1. Doe de worst in een crockpot. Leg vervolgens bieslook en champignons op de worstjes.

2. Meng in een kom de eieren, melk en kruiden. Klop om te combineren.

3. Kook ongeveer 3 uur op laag vuur. Verdeel daarna de kaas erover en laat smelten.

4. Serveer warm met mayonaise en mosterd.

Pompoentaart Staal Gesneden Haver

(Klaar in ongeveer 8 uur | 4 personen)

Ingrediënten

- 1 kopje staal gesneden haver
- 3 kopjes water
- 1/4 theelepel gemalen kaneel
- 1 kopje pompoenpuree
- 1 theelepel vanille-extract
- een snufje zout
- 1 eetlepel pompoentaartkruiden
- 1/2 kopje ahornsiroop

Adressen

1. Combineer alle ingrediënten in je crockpot.

2. Dek af en kook op laag vuur gedurende de nacht of gedurende 8 uur.

3. Serveer warm met eventueel rozijnen of dadels!

Cacao gesneden haver

(Klaar in ongeveer 8 uur | 4 personen)

Ingrediënten

- 3 ½ kopje water

- 1 kopje staal gesneden haver

- 1/4 theelepel geraspte nootmuskaat

- 1/2 theelepel gemalen kaneel

- 3 eetlepels ongezoet cacaopoeder

- een snufje zout

- 1/2 theelepel puur vanille-extract

- 1/2 theelepel puur hazelnootextract

Adressen

1. Voeg alle ingrediënten toe aan je crockpot.

2. Kook een nacht of 8 uur op laag vuur.

3. Roer voor het serveren en voeg, indien gewenst, natuurlijke zoetstof toe.

Havermout met walnoten en pompoen met bosbessen

(Klaar in ongeveer 9 uur | 4 personen)

Ingrediënten

- 1 kopje staal gesneden haver
- 3 kopjes water
- 1 kopje volle melk
- een snufje zout
- 1 eetlepel pompoentaartkruiden
- 1/2 theelepel kardemom
- 1/4 kopje pompoenpuree
- 2 eetlepels honing
- 1/2 kopje gedroogde veenbessen
- 1/2 kop grof gehakte amandelen

Adressen

1. Doe de in staal gesneden haver, water, melk, zout, pompoentaartkruiden, kardemompuree en honing in een crockpot.

2. Kook 's nachts of gedurende 8 tot 9 uur.

3. Verdeel over serveerschalen; bestrooi met gedroogde veenbessen en amandelen; bijwonen.

Havermout Met Cacao En Bananen

(Klaar in ongeveer 8 uur | 4 personen)

Ingrediënten

- 3 kopjes water

- 1 kopje melk

- 1 kopje staal gesneden haver

- 1/2 theelepel gemalen kaneel

- 1 banaan, gepureerd

- 4 eetlepels ongezoet cacaopoeder

- 1/2 theelepel puur vanille-extract

- 1 gesneden banaan

- Gehakte walnoten om te versieren

Adressen

1. Giet water en melk in een aarden pot. Voeg vervolgens de in staal gesneden haver, kaneel, geprakte banaan, cacaopoeder en vanille toe.

2. Zet je crockpot op laag vuur en kook een nacht of 8 uur.

3. Roer voor het opdienen; verdeel over serveerschalen; versier met banaan en nootjes en smullen maar.

Ham En Kaasquiche

(Klaar in ongeveer 2 uur | 4 personen)

Ingrediënten

- Met boter gearomatiseerde kookspray met anti-aanbaklaag
- 4 sneetjes geroosterd volkorenbrood
- 2 kopjes geraspte pikante kaas
- 1/2 pond ham, gekookt en in hapklare blokjes gesneden
- 6 grote eieren
- 1/2 theelepel Dijon-mosterd
- 1 kopje slagroom
- 1/4 theelepel kurkumapoeder
- 1 eetlepel grof gehakte verse peterselie
- 1/2 theelepel zeezout
- 1/4 theelepel geplette rode peper
- 1/4 theelepel versgemalen zwarte peper

Adressen

1. Vet de binnenkant van een crockpot royaal in met anti-aanbakspray.

2. Vet elke geroosterde snee brood in met anti-aanbakspray; breek het ingevette brood in stukjes; plaats in de crockpot.

3. Smeer de helft van de pittige kaas op de toast en leg de stukjes gekookte ham op de kaas; top met de resterende kaas.

4. Klop in een middelgrote kom of maatbeker de eieren samen met de rest van de ingrediënten; Giet dit mengsel in de crockpot.

5. Dek af en kook op hoog vuur gedurende 2 uur. Serveer warm met mayonaise of zure room, indien gewenst.

Boerenworst en Bloemkoolontbijt

(Klaar in ongeveer 6 uur | 8 personen)

Ingrediënten

- 1 pond worst
- antiaanbakspray
- 1 kopje gecondenseerde aardappelcrème
- 1 kopje volle melk
- 1 theelepel droge mosterd
- Zout naar smaak
- 1/2 theelepel versgemalen zwarte peper
- 1 eetlepel verse basilicum of 1 theelepel gedroogde basilicum
- 1 (28-ounce) pakket bevroren opgebakken aardappels, ontdooid
- 1 kopje bloemkool, in roosjes gesneden
- 1 kopje gesneden wortelen
- 1/2 kop cheddarkaas, geraspt

Adressen

1. Bak de worst bruin in een gietijzeren koekenpan; in hapklare stukjes snijden.

2. Smeer de binnenkant van de crockpot in met anti-aanbakspray. Voeg alle ingrediënten toe behalve cheddarkaas; roer voorzichtig om te combineren.

3. Dek af met een deksel en kook ongeveer 6 uur op laag vuur. Verdeel de cheddarkaas erover. Laat 30 minuten rusten alvorens te serveren.

Broccoli Worst Braadpan

(Klaar in ongeveer 6 uur | 6 personen)

Ingrediënten

- 2 eetlepels olijfolie
- Worst van 3/4 pond
- 1 kopje runderbouillon
- 1 kopje melk
- 1 theelepel droge mosterd
- 1/4 theelepel cayennepeper
- 1/2 theelepel zwarte peper
- 2 pond bevroren opgebakken aardappels, ontdooid
- 1 kopje broccoli, in roosjes gesneden
- 1 kopje gesneden wortelen
- 1/2 kop cheddarkaas, geraspt

Adressen

1. Smeer de binnenkant van de crockpot in met olijfolie.

2. Kook de worstjes in een middelgrote pan op middelhoog vuur tot ze niet meer roze zijn of ongeveer 10 minuten. Breng de worst over in de ingevette crockpot.

3. Voeg bouillon, melk, mosterd, cayennepeper, zwarte peper, opgebakken aardappels, broccoli en wortel toe. Kook op laag vuur gedurende 6 uur.

4. Bestrooi vervolgens met geraspte kaas en laat smelten.

5. Serveer warm met je favoriete mayonaise en een beetje extra mosterd.

Winterochtend worst en groenten

(Klaar in ongeveer 6 uur | 6 personen)

Ingrediënten

- antiaanbakspray

- Pittige worst van 3/4 pond

- 1 grote ui

- 1 zoete groene paprika

- 1 zoete rode paprika, fijngehakt

- 1 kopje volle melk

- 1 kopje groente- of vleesbouillon

- 1/2 theelepel chilipoeder

- 1/2 theelepel zwarte peper

- zeezout naar smaak

- 2 pond bevroren opgebakken aardappels, ontdooid

- 1/2 kop cheddarkaas, geraspt

Adressen

1. Vet de binnenkant van je crockpot in met anti-aanbakspray.

2. Bak de worst ongeveer 10 minuten in een middelgrote koekenpan tot hij bruin is. Vervang de crockpot.

3. Voeg de rest van de ingrediënten toe, behalve de cheddarkaas.

4. Zet de crockpot op laag vuur en kook ongeveer 6 uur.

5. Verdeel de cheddarkaas erover. Heet opdienen!

Florentijnse Eieren Met Oesterzwammen

(Klaar in ongeveer 2 uur | 4 personen)

Ingrediënten

- antiaanbakspray
- 2 kopjes Monterey Jack-kaas, geraspt
- 1 kopje snijbiet
- 1 kop oesterzwammen, in plakjes
- 2-3 teentjes knoflook, geperst
- 1 kleine ui, geschild en in blokjes gesneden
- 5 grote eieren
- 1 kopje lichte room
- Zout naar smaak
- 1/4 theelepel gemalen zwarte peper

Adressen

1. Behandel de binnenkant van de crockpot met anti-aanbakspray. Verspreid 1 kopje Monterey Jack-kaas over de bodem van de crockpot.

2. Leg vervolgens de spinazie op de kaas.

3. Voeg vervolgens de oesterzwam in één laag toe. Bedek de champignonlaag met de knoflook en ui.

4. Klop in een maatbeker of kom de eieren los met de rest van de ingrediënten. Giet dit mengsel over de lagen in de crockpot.

5. Top met de resterende 1 kopje kaas.

6. Zet je crockpot op hoog vuur, dek af met een deksel en laat 2 uur koken.

Ovenschotel met kaas en snijbiet

(Klaar in ongeveer 4 uur | Voor 4 personen)

Ingrediënten

- Met boter gearomatiseerde kookspray met anti-aanbaklaag
- 4 grote eieren
- 1 kopje kwark
- 3 eetlepels bloem voor alle doeleinden
- 1 eetlepel verse koriander
- 1/2 theelepel zeezout
- 1/4 theelepel versgemalen zwarte peper
- 1/2 theelepel gedroogde tijm
- 1/2 theelepel natriumbicarbonaat
- 2 eetlepels gesmolten boter
- 1 kopje geraspte pittige kaas
- 1 kop bieslook, fijngehakt
- 1 kopje snijbiet

Adressen

1. Smeer een hittebestendige pan in met kookspray. Giet 2 kopjes water in de crockpot.

2. Voeg de eieren toe en klop tot schuimig. Voeg dan de kwark toe.

3. Voeg de bloem, koriander, zeezout, zwarte peper, tijm, bakpoeder en boter toe. Meng goed tot alles goed is opgenomen.

4. Voeg vervolgens de overige ingrediënten toe; kruiden aanpassen.

5. Plaats de hittebestendige pan op het kookrek in de crockpot; dek af met een geschikt deksel en laat ongeveer 4 uur sudderen.

6. Laat voor het serveren afkoelen tot kamertemperatuur en geniet ervan!

Bananenfrittata met walnoten

(Klaar in ongeveer 18 uur | 6 personen)

Ingrediënten

- 1 eetlepel koolzaadolie
- 1 brood, in blokjes gesneden
- 1 kopje roomkaas
- 2 rijpe bananen
- 1 kop grof gehakte amandelen
- 10 grote eieren
- 1/4 kopje ahornsiroop
- 1 kopje half en half
- een snufje zout

Adressen

1. Vet de binnenkant van je crockpot in met koolzaadolie.

2. Leg 1/2 van de broodblokjes op de bodem van de crockpot. Verdeel vervolgens de helft van de roomkaas gelijkmatig.

3. Leg de plakjes van 1 banaan op de roomkaas. Verdeel vervolgens de helft van de gehakte amandelen.

4. Herhaal de lagen nog een keer.

5. Klop in een kom of maatbeker de eieren met de ahornsiroop, half om half en zout; giet over de lagen in de crockpot.

6. Laat minimaal 12 uur in de koelkast staan. Dek daarna af en kook op laag vuur gedurende 6 uur. Serveer eventueel met wat extra bakbananen.

Heerlijke Gekruide Pompoen Frittata

(Klaar in ongeveer 6 uur | 6 personen)

Ingrediënten

- 2 eetlepels gesmolten kokosolie
- 1 brood, in kleine blokjes gesneden
- 1 kopje roomkaas
- 1 kopje geraspte pompoen
- 2 gesneden bananen
- 1 kop walnoten, grof gehakt
- 8 eieren
- 1 kopje half en half
- 2 eetlepels rauwe honing
- 1/2 theelepel gemalen kaneel
- 1/4 theelepel geraspte kardemom
- 1/2 theelepel piment
- 1 theelepel pompoenkruiden

•Poedersuiker om te decoreren

Adressen

1. Smeer de binnenkant van een aarden pot in met kokosolie.

2. Plaats 1/2 brood in de crockpot. Plaats dan de helft van de roomkaas.

3. Verdeel vervolgens gelijkmatig de helft van de geraspte pompoen. Schik de plakjes van 1 banaan bovenop de pompoen. Strooi de helft van de gehakte walnoten over de bakbananen.

4. Herhaal de lagen nog een keer.

5. Klop in een middelgrote kom de eieren los met de rest van de ingrediënten, behalve de poedersuiker. Giet dit mengsel over de lagen in je crockpot.

6. Kook afgedekt 6 uur op laag vuur. Bestuif je frittata met poedersuiker en serveer!

Gekruide pap voor drukke ochtenden

(Klaar in ongeveer 8 uur | 8 personen)

Ingrediënten

- 2 kopjes staal gesneden haver
- 6 kopjes water
- 2 kopjes melk
- 1 eetlepel puur sinaasappelsap
- 1 kopje gedroogde abrikozen, gehakt
- 1 kopje gehakte dadels
- 1 kopje rozijnen, gehakt
- 1/2 theelepel gember
- 1 theelepel gemalen kaneel
- 1/8 theelepel kruidnagel
- 1/4 kopje ahornsiroop
- 1/2 vanillestokje

Adressen

1. Combineer alle ingrediënten in een crockpot.

2. Zet de crockpot op laag vuur en laat het een nacht staan.

3. Roer 's ochtends de voorbereide pap door de zijkanten en bodem te schrapen. Serveer met overgebleven jam of eierpunch, indien gewenst.

Familie winterpap

(Klaar in ongeveer 9 uur | 8 personen)

Ingrediënten

- 7 kopjes water

- 2 kopjes staal gesneden Ierse haver

- 1 theelepel citroenschil

- 1 kopje rozijnen

- 1 kopje gedroogde veenbessen

- 1 kopje gedroogde kersen

- 1 eetlepel geraspte kokos

- 1/2 theelepel gember

- 1 theelepel piment

- 1/8 theelepel geraspte nootmuskaat

- 1/4 kopje honing

- 1/2 vanillestokje

Adressen

1. Doe alle ingrediënten in een crockpot; Zet de crockpot op laag vuur.

2. Kook 's nachts of gedurende 8 tot 9 uur.

3. Roer morgen de pap door en verdeel het over acht diepe borden.

Serveer eventueel met een klodder slagroom en geroosterde nootjes.

Geweldige appel havermout met pruimen

(Klaar in ongeveer 7 uur | 8 personen)

Ingrediënten

- 2 kopjes staal gesneden haver
- 1 kopje appelsap
- 5 kopjes water
- 1/2 kopje gedroogde appels
- 1/4 kopje gedroogde veenbessen
- 1/4 kop pruimen
- 1/4 kopje ahornsiroop
- 1 theelepel piment
- een snufje zout

Adressen

1. Voeg alle ingrediënten toe aan een crockpot.

2. Zet een aarden pot op laag vuur; kook de havermout ongeveer 7 uur.

3. Serveer warm met eventueel slagroom erop.

Tropische nachtelijke haver

(Klaar in ongeveer 8 uur | 8 personen)

Ingrediënten

- 2 kopjes staal gesneden Ierse haver
- 4 kopjes water
- 1 kopje appelsap
- 1 eetlepel natuurlijk sinaasappelsap
- 1/2 kopje gedroogde papaja
- 1/2 kopje gedroogde ananas
- 1/4 kopje gedroogde mango
- 1/4 kopje ahornsiroop
- 2 eetlepels kokosvlokken
- een snufje zout

Adressen

1. Combineer alle ingrediënten in je crockpot.

2. Dek af met een geschikt deksel; laat de haver een nacht of 7 tot 8 uur staan.

3. Serveer met melk of een klodder slagroom. Genieten!

Engelse muffins met tomatengarnituur

(Klaar in ongeveer 2 uur | 12 personen)

Ingrediënten

- 2 eetlepels plantaardige olie
- 2 grote rode uien, gesnipperd
- 1 (28-ounce) kan geplette tomaten
- 1 eetlepel Worcestersaus
- 1 theelepel citroenschil
- 1 eetlepel verse koriander
- 1 eetlepel gehakte verse basilicum
- 1 theelepel zeezout
- 1/4 theelepel gemalen zwarte peper
- 1 kopje mozzarellakaas
- 12 engelse muffins

Adressen

1. Verhit de plantaardige olie in een middelgrote, zware koekenpan op middelhoog vuur. Zet het vuur lager en voeg dan de uien toe. Fruit de rode uien tot ze zacht en glazig zijn.

2. Breng over naar de crockpot. Tomaten en worcestersaus toevoegen. Kook afgedekt op hoog vuur 1 uur of tot het mengsel rond de randen begint te borrelen.

3. Voeg de resterende ingrediënten toe, behalve Engelse muffins, en kook nog 1 uur. Serveer warm met geroosterde Engelse muffins.

Zuidelijke romige korrels

(Klaar in ongeveer 8 uur | 12 personen)

Ingrediënten

- 1 ½ kopje steengriesmeel

- 1 eetlepel boter

- 1/4 theelepel kurkumapoeder

- 4 kopjes groentebouillon

- 1/2 theelepel gemalen zwarte peper

- 1/2 theelepel fijn zeezout

- 1/2 kopje pittige kaas, geraspt

Adressen

1. Combineer alle ingrediënten, behalve de kaas, in je crockpot.

2. Kook op laag vuur gedurende 8 uur of een nacht.

3. Voeg kaas toe aan de bereide grits en geniet ervan. Je kunt serveren met eieren en spek, als je wilt.

Oma's Grits Met Parmezaanse Kaas

(Klaar in ongeveer 9 uur | 8 personen)

Ingrediënten

- 2 kopjes grutten

- 1 eetlepel boter

- 1 theelepel zout

- 1/2 theelepel zwarte peper

- 1/2 theelepel witte peper

- 1/4 kopje slagroom

- 1/2 kopje vers geraspte Parmezaanse kaas

Adressen

1. Voeg alle ingrediënten, behalve de slagroom en Parmezaanse kaas, toe aan je crockpot.

2. Kook op laag vuur gedurende 8 tot 9 uur.

3. Voeg 's ochtends de slagroom en Parmezaanse kaas toe; Serveer met je favoriete topping en eet smakelijk!

Super groente- en spekschotel

(Klaar in ongeveer 2 uur | 6 personen)

Ingrediënten

- 1 kopje geraspte magere pittige kaas
- 1 kop groene bladgroenten (zoals spinazie, boerenkool, snijbiet)
- 1/2 kopje spek, in plakjes
- 3 sneetjes brood in blokjes
- 1 kop champignons, in plakjes
- 6 eieren
- 1/4 theelepel zwarte peper
- 1/4 theelepel cayennepeper
- 1/2 theelepel koosjer zout
- 1 kopje verdampte melk
- 1 kopje groentebouillon
- 1 middelgrote ui

Adressen

1. Verdeel de helft van de kaas over de bodem van de crockpot. Werk af met een laag bladgroenten. Plaats vervolgens de helft van het spek.

2. Voeg de broodblokjes toe en voeg daarna de champignons toe.

3. Voeg de resterende bacon toe en garneer met de resterende kaas.

4. Combineer de rest van de ingrediënten in een maatbeker of kom. Giet dit mengsel in de crockpot.

5. Kook gedurende 2 uur op hoog vuur. Verdeel over zes borden en smullen maar!

heerlijke tarwebessen

(Klaar in ongeveer 10 uur | 6 personen)

Ingrediënten

- 1 ½ kopje tarwebessen
- 4 kopjes water
- 1/2 kopje gedroogde veenbessen
- 1/2 vanillestokje
- Bruine suiker om te versieren

Adressen

1. Doe de tarwebessen, het water, de gedroogde veenbessen en de vanilleboon in een crockpot.
2. Roer om te combineren en kook gedurende 8 tot 10 uur.
3. Roer voor het serveren, bestrooi met suiker en geniet ervan!

Ontbijtgranen met meergranen

(Klaar in ongeveer 8 uur | 6 personen)

Ingrediënten

- 1/2 kopje langkorrelige rijst
- 1/2 kop tarwebessen
- 1 kopje havervlokken
- 1/2 theelepel koosjer zout
- 4 kopjes water
- Boter om te decoreren

Adressen

1. Doe rijst, tarwekorrels, havervlokken, zout en water in een aarden pot.
2. Kook afgedekt ongeveer 8 uur.
3. Roer voor het serveren, voeg boter toe en geniet ervan!

Ontbijtgranen Met Fruit En Pindakaas

(Klaar in ongeveer 8 uur | 6 personen)

Ingrediënten

- 1/2 kop tarwebessen
- 1 kopje havermout in Ierse stijl
- 1/2 kopje basmatirijst
- 1/4 kopje bruine suiker
- 1/4 theelepel gemalen kaneel
- 4 kopjes water
- 1 kopje noten naar keuze
- Pindakaas om te versieren

Adressen

1. Doe de tarwebessen, haver, basmatirijst, suiker, kaneel en water in je crockpot; roer om te combineren.

2. Kook ongeveer 8 uur.

3. Verdeel over zes serveerschalen; versier met noten en pindakaas en serveer.

Spinazie Quiche Met Kaas

(Klaar in ongeveer 3 uur | 6 personen)

Ingrediënten

- Nonstick kookspray
- 4 eieren
- 1/2 kopje pittige kaas, geraspt
- 3/4 kopje babyspinazie
- 2-3 teentjes knoflook, fijngehakt
- 1/4 kopje gehakte groene ui
- 1/2 theelepel zeezout
- 1/2 theelepel zwarte peper
- 1/2 theelepel cayennepeper
- 1 ½ kopje verdampte melk
- 2 sneetjes volkorenbrood, in blokjes

Adressen

1. Vet je crockpot licht in met kookspray.

2. Meng in een middelgrote kom de eieren, kaas, spinazie, knoflook, ui, zout, zwarte peper, cayennepeper en koffiemelk. Roer tot alles goed is opgenomen.

3. Leg de broodblokjes op de bodem van de crockpot. Giet het ei-kaasmengsel over de broodblokjes.

4. Dek af met een deksel; kook ongeveer 3 uur op hoog. Heet opdienen.

Broccoli en Bloemkoolsoep

(Klaar in ongeveer 4 uur | 6 personen)

Ingrediënten

- 1 kopje water
- 2 kopjes gereduceerde natriumkippenbouillon
- 1 pond bloemkool, in roosjes gesneden
- 1 pond broccoli, in roosjes gesneden
- 1 gele ui fijngesneden
- 3 teentjes knoflook, gehakt
- 1 flinke eetlepel verse basilicum
- 1 flinke eetlepel verse peterselie
- 1/2 kopje 2% magere melk
- Zout naar smaak
- 1/4 theelepel witte peper
- 1/4 theelepel zwarte peper
- croutons naar keuze

Adressen

1. Doe water, bouillon, bloemkool, broccoli, ui, knoflook, basilicum en peterselie in je crockpot.

2. Kook op hoog vuur gedurende 3 tot 4 uur.

3. Breng de soep over in de keukenmachine; voeg melk en kruiden toe en meng tot een gladde massa. Proef en pas smaakmakers aan; serveer met croutons.

Familie Broccoli en Spinazie Soep

(Klaar in ongeveer 4 uur | 6 personen)

Ingrediënten

- 2 kopjes water
- 2 kopjes natriumarme groentebouillon
- 1 pond broccoli, in roosjes gesneden
- 1 kopje gehakte groene uien
- 3 teentjes knoflook, gehakt
- 1 volle eetlepel verse koriander
- 1 flinke eetlepel verse peterselie
- 2 kopjes spinazie
- Zout naar smaak
- 1/4 theelepel zwarte peper

Adressen

1. Combineer het water, groentebouillon, broccoli, groene uien, knoflook, koriander en peterselie in een crockpot.

2. Kook op hoog vuur gedurende 3 uur. Voeg spinazie en kruiden toe en kook nog 20 minuten.

3. Giet soep in keukenmachine; proces tot een gladde massa.

4. Serveer koud of op kamertemperatuur. Garneer met een klodder zure room en geniet!

Heerlijke Crème van Asperge Soep

(Klaar in ongeveer 4 uur | 6 personen)

Ingrediënten

- 2 kopjes groentebouillon
- 1 kopje water
- 2 pond asperges, bewaar de uiteinden om te versieren
- 1 fijngehakte ui
- 1 theelepel citroenschil
- 2 fijngehakte teentjes knoflook
- 1 theelepel gedroogde marjolein
- 1 flinke eetlepel verse peterselie
- 1/2 kopje volle melk
- 1/4 theelepel witte peper
- Zout naar smaak

Adressen

1. Doe bouillon, water, asperges, ui, citroenschil, knoflook, marjolein en peterselie in een aarden pot.

2. Kook op hoog vuur gedurende 3 tot 4 uur.

3. Stoom ondertussen de aspergepunten krokant en gaar.

4. Giet soep in een keukenmachine; voeg melk, zout en witte peper toe en meng tot een gladde massa.

5. Garneer met gestoomde aspergepuntjes en serveer op kamertemperatuur. Je kunt je soep ook in de koelkast zetten en koud garneren.

Romige Bloemkool Aardappelsoep

(Klaar in ongeveer 4 uur | 6 personen)

Ingrediënten

- 3 kopjes bouillon
- 1 kopje gehakte wortel
- 3 ½ kopjes aardappelen, in blokjes gesneden
- 3 kopjes gehakte bloemkool
- 4 kleine preien, alleen de witte delen, in stukjes gesneden
- 1 kopje melk
- 2 eetlepels maizena
- 1 theelepel gedroogde basilicum
- Zout naar smaak
- zwarte peper naar smaak

Adressen

1. Combineer de eerste vijf ingrediënten in een crockpot; Zet de crockpot op hoog vuur en 3 tot 4 uur.

2. Voeg de rest van de ingrediënten toe en kook nog eens 2 tot 3 minuten of tot het ingedikt is.

3. Mix de soep in een keukenmachine of blender tot de gewenste consistentie.

4. Pas smaakmakers aan en serveer met zure room.

Gemakkelijke Sunday Beef Sandwiches

(Klaar in ongeveer 8 uur | 6 personen)

Ingrediënten

- 1 potje van je favoriete spaghettisaus
- 3 pond rosbief
- 2 laurierblaadjes
- 5-6 peperkorrels
- 1 kopje runderbouillon
- mosterd om te versieren
- Augurken om te versieren

Adressen

1. Doe alle ingrediënten in je crockpot. Kook 8 uur op laag vuur.

2. Verwijder laurierblaadjes en peperkorrels en giet over Engelse muffins.

3. Serveer met mosterd en augurken en eet smakelijk!

luie man pizza

(Klaar in ongeveer 4 uur | Voor 4 personen)

Ingrediënten

- 1 pond hamburger, bruin en uitgelekt
- 1 pond noedels, gekookt
- 2 kopjes mozzarellakaas, geraspt
- 2 paprika's, in plakjes
- 1 gesnipperde ui
- 1 theelepel gegranuleerde knoflook
- 1 blik rundersoep
- 1 kop champignons, in plakjes
- 2 potjes pizzasaus
- 1/2 pond pepperoni, in plakjes

Adressen

1. Wissel in je crockpot de lagen af met de ingrediënten in de bovenstaande volgorde.

2. Kook gedurende 4 uur op laag vuur; dien dan op.

Chocolade Wentelteefjes Met Honing En Bananen

(Klaar in ongeveer 2 uur | 6 personen)

Ingrediënten

- 1 groot gesneden brood, in blokjes gesneden
- 2 kopjes magere melk
- 1/2 theelepel kardemom
- 1/2 theelepel gemalen kruidnagel
- 1 theelepel gemalen kaneel
- 1 eetlepel hazelnootextract
- 5 grote eieren
- 2 volle eetlepels chocoladeroom, plus meer voor topping
- 1 eetlepel ongezouten boter
- 4 gesneden bananen
- 1 eetlepel honing

Adressen

1. Doe de broodblokjes in je crockpot.

2. Meng in een grote kom de melk, kruiden, hazelnootextract, eieren en chocoladeroom. Klop goed om te combineren.

3. Giet dit mengsel over de broodblokjes in de crockpot om ervoor te zorgen dat het brood goed onder water staat.

4. Bedek de crockpot met een deksel en kook op hoog vuur ongeveer 2 uur.

5. Verhit een pan en voeg de boter toe. Voeg de bananen en honing toe aan de hete boter en bak 3 tot 4 minuten, één keer omdraaien.

6. Verdeel de Chocolate French Toast over zes borden, voeg het banaan-honingmengsel toe en geniet met magere melk!

Smelt-in-je-mond wentelteefjes

(Klaar in ongeveer 5 uur | 8 personen)

Ingrediënten

Voor de wentelteefjes:

- 12-ounce gesneden brood naar keuze
- 2 kopjes volle melk
- 3 eieren
- 1/2 kopje bruine suiker
- 1 eetlepel amandelextract
- 1/4 theelepel gemalen nootmuskaat
- 1/4 theelepel piment
- 1/4 theelepel kurkumapoeder
- 1 theelepel gemalen kaneel
- 1 kop grof gehakte amandelen
- 3 eetlepels ongezouten boter, gesmolten
- 2 gesneden bananen

Voor de saus:

- 1/2 kopje bruine suiker
- 1/2 kopje halve en halve room
- 1/2 kopje boter
- 2 eetlepels glucosestroop
- 1 theelepel amandelextract

Adressen

1. Verwarm de oven voor op 300 graden F. Bekleed een crockpot met wegwerpservies.

2. Leg de broodblokjes op een bakplaat in een enkele laag. Bak ongeveer 15 minuten of tot het brood goudbruin is. Plaats vervolgens de broodblokjes terug in de voorbereide crockpot.

3. Klop in een grote kom de volle melk, eieren, suiker, amandelextract, nootmuskaat, piment, kurkuma en kaneel door elkaar. Giet dit kruidenmengsel over de broodblokjes in de crockpot. Druk met een lepel op de broodblokjes om ze vochtig te maken.

4. Rooster de amandelen een paar minuten in een kleine koekenpan met anti-aanbaklaag. Meng de geroosterde amandelen met de gesmolten boter. Giet dit mengsel over de ingrediënten in de crockpot.

5.Dek af en kook op laag vuur gedurende ongeveer 5 uur. Verwijder de voering van het servies en bewaar de wentelteefjes.

6.Maak vervolgens de saus klaar. Kook de ingrediënten voor de saus in een middelgrote pan op middelhoog vuur. Breng aan de kook, zet het vuur laag en kook nog 3 minuten.

7.U kunt de bereide saus op kamertemperatuur laten afkoelen of in de koelkast zetten. Giet saus over wentelteefjes, bedek met plakjes banaan en geniet ervan!

Zelfgemaakte yoghurt met croissants

(Klaar in ongeveer 8 uur | 16 personen)

Ingrediënten

- 1/2 liter magere melk

- 1/2 kopje melkpoeder

- 1/4 kopje yoghurt met actieve yoghurtculturen, op kamertemperatuur

- 16 croissants naar keuze

Adressen

1. Meng de melk en droge melk in een pan op middelhoog vuur. Kook, onder voortdurend roeren, tot een direct afleesbare thermometer ongeveer 180 graden F registreert.

2. Koel vervolgens af tot kamertemperatuur.

3.Combineer in een kom 1 kopje van het warme melkmengsel en yoghurt. Slaan tot dat het glad is. Giet vervolgens langzaam het mengsel van melk en yoghurt in de pan, onder voortdurend roeren.

4.Giet het bereide mengsel in metselaarpotten en plaats het in een crockpot. Giet voldoende lauw water in de crockpot. Het water moet tot halverwege de zijkanten van de gevulde potten komen.

5.Kook op HOOG 5 minuten. Laat het dan ongeveer 4 uur rusten, tot het mengsel dik is. Het is belangrijk om de crockpot elk uur 5 minuten op hoog vuur te zetten.

6.Koel yoghurt minstens 4 uur of tot de yoghurt stevig is. Bewaar het in de koelkast en serveer het met je favoriete croissants. Genieten!

Gesneden Havermout Met Bosbessen En Kokosnoot

(Klaar in ongeveer 6 uur | 8 personen)

Ingrediënten

- 2 kopjes staal gesneden haver
- 4 kopjes water
- 2 kopjes kokoswater
- 1/2 kopje gehakte amandelen
- 1 eetlepel bruine suiker
- 1/2 theelepel gemalen kaneel
- 1/2 theelepel zout
- 1/4 kopje gedroogde veenbessen
- 1/4 kopje gesneden abrikozen
- Geraspte kokos om te versieren

Adressen

1. Combineer in een crockpot de haver, het water, het kokoswater, de amandelen, de suiker, de kaneel en het zout. Omslag; sudderen ongeveer 6 uur.

2. Top elke portie met veenbessen, abrikozen en kokosnoot en serveer warm.

Overnight Oats Met Gedroogd Fruit

(Klaar in ongeveer 6 uur | 8 personen)

Ingrediënten

- 2 kopjes staal gesneden haver
- 1 kopje rozijnen
- 1 kopje gedroogde kersen
- 1 kopje gedroogde vijgen
- 8 kopjes water
- 1 kopje half en half

Adressen

1. Doe alle ingrediënten in een aarden pot.
2. Zet de crockpot op laag vuur en dek af met een deksel.
3. Kook 's nachts of gedurende 8 tot 9 uur.

Oranje maanzaadbrood

(Klaar in ongeveer 2 uur | 12 personen)

Ingrediënten

- Nonstick kookspray
- 1/4 kopje maanzaad
- 2 kopjes bloem, voor alle doeleinden naar keuze
- 1 eetlepel natriumbicarbonaat
- 1 eetlepel honing
- 3/4 kop bruine suiker
- 1/2 theelepel koosjer zout
- 3 grote eieren
- 1/2 kopje koolzaadolie
- 1/2 kopje zure room
- 1/4 kopje volle melk
- 1 theelepel sinaasappelschil
- 1/4 kopje vers sinaasappelsap
- 1 theelepel vanille-extract

Adressen

1. Smeer een crockpot in met anti-aanbakspray.

2. Meng in een kom de maanzaad, bloem en bakpoeder en zet apart.

3. Meng in een andere kom honing, suiker, zout, eieren, koolzaadolie, zure room, volle melk, sinaasappelschil, sinaasappelsap en 1 theelepel vanille-extract. Voeg dit sinaasappelmengsel toe aan het maanzaadmengsel. Roer om te combineren en plaats in de voorbereide crockpot.

4. Dek af en kook op hoog vuur gedurende ongeveer 2 uur.

5. Laat voor het serveren volledig afkoelen en geniet met vers geperst sinaasappelsap.

Spek En Groente Quiche

(Klaar in ongeveer 5 uur | 6 personen)

Ingrediënten

- Wegwerp Slowcooker Liner
- 4 plakjes spek
- 1 eetlepel olijfolie
- 1 rode paprika fijngesneden
- 1 fijngehakte groene paprika
- 2 kopjes gehakte champignons
- 1 kopje spinazie
- 1 ½ kopje Zwitserse kaas, geraspt
- 2 kopjes volle melk
- 8 grote eieren
- 1 theelepel gegranuleerde knoflook
- 1 eetlepel verse basilicum
- 1 theelepel fijn zeezout

- 1/4 theelepel cayennepeper

- 1/4 theelepel gemalen zwarte peper

- 1/2 kopje koekjesmix

Adressen

1. Bekleed je crockpot met wegwerpbare slowcooker-voering.

2. Bak de spekreepjes in een pan krokant; uitlekken en verkruimelen.

3. Verhit in dezelfde pan de olijfolie op middelhoog vuur. Bak paprika en champignons tot ze gaar zijn. Voeg spinazie en Zwitserse kaas toe.

4. Meng in een kom de melk, eieren, knoflookgranulaat, basilicum, zout, cayennepeper en zwarte peper. Voeg dit mengsel toe aan het champignonmengsel in de pan.

5. Voeg dan de koekjesmix toe. Vervang het bereide mengsel van de pan door de crockpot. Verdeel het verkruimelde spek erover.

6. Dek af met een deksel; kook op laag vuur gedurende 5 uur. Laat iets afkoelen voor het serveren, verdeel over de borden en eet smakelijk!

Gekruide Havermout Met Walnoten

(Klaar in ongeveer 8 uur | 4 personen)

Ingrediënten

- 1 kopje staal gesneden haver
- 1 eetlepel boter
- 1/4 theelepel kurkumapoeder
- 1/2 theelepel piment
- 2 eetlepels ahornsiroop
- 1 kopje gedroogde vijgen
- 1 kopje gedroogde abrikozen
- 2 kopjes water
- 2 kopjes kokoswater
- 1/2 kopje half en half
- 1/2 theelepel zeezout

Adressen

1. Combineer alle ingrediënten in je crockpot.

2. Bedek de crockpot met een deksel. Kook 8 uur op laag vuur of 4 uur op hoog vuur.

3. Serveer met gehakte noten naar keuze!

Ham en Kaas Family Delight

(Klaar in ongeveer 4 uur | 6 personen)

Ingrediënten

- Nonstick kookspray
- 1 kopje volle melk
- 2 kopjes lichte room
- 4 eieren
- 1 rode paprika fijngesneden
- 1 fijngesneden gele paprika
- 1 fijngehakte ui
- 1 theelepel gedroogde basilicum
- 1/4 theelepel kurkumapoeder
- 1 theelepel gedroogde tijm, geplet
- 1/2 cayennepeper
- 1/4 theelepel gemalen zwarte peper
- 6 kopjes geroosterde broodblokjes

- 1 kopje gekookte ham, gehakt

- 1/2 kopje harde kaas, in blokjes gesneden

- 1/3 kopje gedroogde tomaten

Adressen

1. Vet een crockpot licht in met kookspray.

2. Meng in een kom de melk, lichte room en eieren. Voeg rode paprika, gele paprika, ui, basilicum, kurkuma, tijm, cayennepeper en gemalen zwarte peper toe.

3. Voeg vervolgens de broodblokjes, ham, kaas en tomaten toe. Voeg het mengsel toe aan de crockpot.

4. Kook op laag vuur gedurende ongeveer 4 uur of tot een tandenstoker (mes) die in het midden is gestoken er schoon uitkomt. Genieten!

Halloweenbrood met Amerikaanse veenbessen

(Klaar in ongeveer 2 uur | 8 personen)

Ingrediënten

- Nonstick kookspray
- 3/4 kopje ingeblikte pompoen
- 1/2 kopje half en half
- 2 eetlepels suiker
- 1 theelepel gemalen kaneel
- 1/4 theelepel kardemom
- 1/4 theelepel piment
- 2 kopjes All-purpose Flour
- 1 theelepel zuiveringszout
- 1 theelepel bakpoeder
- 1/2 theelepel zout
- 1/4 kopje ongezouten boter, in blokjes

- 1/2 kop bosbessen

- 1/2 kopje ahornsiroop

- 2 eetlepels gesmolten boter

- 1/2 kop gehakte walnoten, geroosterd

Adressen

1. Vet je crockpot in met anti-aanbakspray.

2. Combineer de pompoen in een kom met de helft en de helft, suiker en kruiden.

3. Klop in een grote kom de 2 kopjes bloem, bakpoeder, bakpoeder en zout door elkaar. Snijd vervolgens koude boter. Voeg het pompoenmengsel toe aan het voorbereide bloemmengsel. Roer voorzichtig om te combineren.

4. Voeg de veenbessen toe aan het deeg.

5. Giet het mengsel in je crockpot. Giet de ahornsiroop en gesmolten boter over het deeg. Verdeel daarna de noten erover.

6. Kook ongeveer 2 uur op hoog vuur. Heet opdienen.

Broodpudding met gedroogde vijgen

(Klaar in ongeveer 3 uur | 6 personen)

Ingrediënten

- 8 bakjes broodblokjes naar keuze
- 1/2 kop gedroogde vijgen, gehakt
- 4 middelgrote eieren
- 2 kopjes volle melk
- 1/4 kopje gesmolten boter
- 1 theelepel honing
- 1/4 kopje bruine suiker
- 1/4 theelepel muntextract
- 1/4 theelepel gemalen kaneel

Adressen

1. Doe de voorbereide broodblokjes samen met de gedroogde vijgen in een aarden pot.

2. Klop in een grote kom de eieren, melk, boter, honing, bruine suiker, pepermuntextract en kaneel door elkaar. Giet dit mengsel in de crockpot. Gooi om te coaten.

3. Kook ongeveer 3 uur op laag vuur.

Gekruide Appelbroodpudding

(Klaar in ongeveer 3 uur | 8 personen)

Ingrediënten

- 4 middelgrote appels, klokhuis verwijderd en in stukjes gesneden
- 3 kopjes in blokjes gesneden brood
- 3 grote eieren
- 3/4 kop verpakte bruine suiker
- 1/4 theelepel piment
- 1/2 theelepel gemalen kruidnagel
- 1 theelepel gemalen kaneel
- 1 theelepel nootmuskaat
- 2 (12 fl oz) blikken verdampte melk

Adressen

1. Doe de appels en broodblokjes in een crockpot.

2. Klop in een kom de eieren schuimig. Voeg de resterende ingrediënten toe en meng om te combineren.

3. Giet het bereide eimengsel over de appels en het brood in de crockpot.

4. Kook op hoog vuur gedurende 4 uur of tot er vla ontstaat.

Oma's Appel Havermout

(Klaar in ongeveer 6 uur | 8 personen)

Ingrediënten

- Gesmolten margarine
- 8 kopjes water
- 4 kopjes ongezoete appelmoes
- 1 1/2 kopjes staal gesneden haver
- 2 middelgrote appels, in blokjes
- geraspte nootmuskaat naar smaak
- kardemom naar smaak
- gemalen kaneel naar smaak
- 2 eetlepels honing

Adressen

1. Vet je crockpot licht in met margarine.

2. Combineer de rest van de ingrediënten in een grote mengkom. Giet dit mengsel in de crockpot.

3. Kook minimaal 6 uur op laag vuur.

Kinderen Chocolade Havermout

(Klaar in ongeveer 6 uur | 10 personen)

Ingrediënten

- Nonstick kookspray
- 10 kopjes water
- 6 bananen, gepureerd
- 2 eetlepels chiazaad
- 7-8 gedroogde dadels
- 2 kopjes staal gesneden haver
- 1 theelepel gemalen kaneel
- 1/2 kop ongezoet cacaopoeder

Adressen

1. Vet een crockpot licht in met kookspray.

2. Meng de resterende ingrediënten in een voorbereide crockpot.

3. Kook op laag vuur ongeveer 6 uur.

Vanille en Bosbessen Quinoa

(Klaar in ongeveer 6 uur | 6 personen)

Ingrediënten

- 4 kopjes amandelmelk met vanillesmaak
- 4 kopjes water
- 2 kopjes quinoa
- 2 kopjes bosbessen
- 1/4 theelepel geraspte nootmuskaat
- 1/4 theelepel gemalen kaneel
- 1/3 kopje lijnzaad
- 1/3 kopje bruine suiker

Adressen

1. Roer alle ingrediënten in een crockpot.

2. Dek af met een deksel; kook op laag gedurende 8 uur of 's nachts.

Quinoa Appel Sinaasappel

(Klaar in ongeveer 8 uur | 6 personen)

Ingrediënten

- 2 kopjes water
- 1 kopje quinoa
- 1 eetlepel natuurlijk sinaasappelsap
- 2 kopjes appelsap
- 1 eetlepel chiazaad
- 1 theelepel gemalen kaneel
- 1/4 theelepel geraspte nootmuskaat
- 1 kopje rozijnen
- 1 theelepel vanille-extract

Adressen

1. Combineer alle ingrediënten in je crockpot.
2. Dek af met een deksel; kook op laag vuur 6 tot 8 uur.

Gemakkelijke Heerlijke Ontbijtbraadpan

(Klaar in ongeveer 12 uur | 8 personen)

Ingrediënten

- 1 zak (32 ons) opgebakken aardappels, bevroren
- 2 wortels, in dunne plakjes
- 1 gesnipperde gele ui
- 3 teentjes knoflook, gehakt
- 1 pond gekookte ham
- 2 kopjes cheddarkaas, geraspt
- 8 eieren
- 1 kopje volle melk
- 1 theelepel zeezout
- 1/4 theelepel gemalen zwarte peper
- 1/4 theelepel geplette rode peper

Adressen

1. Wissel in een crockpot de lagen als volgt af: 1/2 van de hash browns, 1/2 van de wortelen, 1/2 van de uien, 1/2 van de knoflook, 1/2 van de gekookte ham en 1/2 van de 2 van de cheddar kaas. Herhaal nog een keer.

2. Klop de eieren los in een kom; voeg dan de overige ingrediënten toe.

3. Giet dit mengsel in de slowcooker; omslag; kook op laag vuur gedurende 10 tot 12 uur.

Hash Browns in restaurantstijl

(Klaar in ongeveer 8 uur | 10 personen)

Ingrediënten

- 1 (32-ounce) zak in blokjes gesneden aardappelen
- 1 pond kalkoenbacon, gekookt
- 1 jalapenopeper, fijngehakt
- 3 teentjes knoflook, geperst
- 1 kop bieslook, in blokjes
- 1 kop cheddarkaas
- 1 kopje volle melk
- 12 eieren
- 1 theelepel zout
- 1/2 theelepel gemalen zwarte peper
- 1 theelepel gedroogde tijm

Adressen

1. Wissel de lagen in je crockpot als volgt af: 1/2 frites, 1/2 spek, 1/2 jalapeñopeper, 1/2 knoflook, 1/2 uien, 1/2 kaas.

2. Voeg vervolgens de volgende lagen toe: 1/2 frites, 1/2 spek, 1/2 jalapeñopeper, 1/2 knoflook, 1/2 ui, 1/2 kaas.

3. Meng in een kom de melk, het ei, het zout, de zwarte peper en de tijm. Giet dit mengsel in de crockpot.

4. Kook op laag vuur gedurende 8 uur of een nacht.

Romige Kokosnoot Havermout Met Pompoenpitten

(Klaar in ongeveer 8 uur | 12 personen)

Ingrediënten

- 4 kopjes staal gesneden haver
- 2 blikken kokosmelk
- 10 kopjes water
- 1/4 theelepel kardemom
- 1/2 theelepel gemalen kaneel
- 1 theelepel amandelextract
- 3 eetlepels kokossuiker
- 1/2 Kopje kokosvlokken, om te versieren
- Pompoenpitten om te versieren

Adressen

1. Doe de haver, kokosmelk, water, kardemom, kaneel, amandelextract en kokossuiker in je crockpot.

2. Zet het vuur lager en kook ongeveer 8 uur, of tot het romig is.

3. Garneer met kokosvlokken en pompoenpitten!

Vanille Amandel Haver

(Klaar in ongeveer 8 uur | 12 personen)

Ingrediënten

- 2 kopjes amandelmelk met vanillesmaak
- 2 kopjes staal gesneden haver
- 8 kopjes water
- 1 theelepel gemalen kaneel
- 1/2 theelepel geraspte nootmuskaat
- 1/4 theelepel gemalen kruidnagel
- 1 theelepel vanille-extract
- 3 eetlepels ahornsiroop
- rozijnen om te versieren
- Chiazaadjes om te versieren

Adressen

1. Doe de amandelmelk, staal gesneden haver, water, kaneel, nootmuskaat, kruidnagel, vanille-extract en ahornsiroop in je crockpot.

2. Zet de crockpot op laag vuur en kook de havermout ongeveer 8 uur.

3. Garneer met rozijnen en chiazaad en smullen maar!

heerlijk winterontbijt

(Klaar in ongeveer 8 uur | 12 personen)

Ingrediënten

- Nonstick kookspray

- 1 pakket (26 ons) in blokjes gesneden aardappelen

- 2 kopjes worst

- 2 kopjes cheddarkaas, geraspt

- 10 eieren

- 1 kopje melk

- 1/2 theelepel gedroogde dragon

- 1 eetlepel gegranuleerde knoflook

- 1/4 theelepel gemalen zwarte peper

- 1 theelepel zout

Adressen

1. Vet je crockpot in met kookspray. Leg de hash browns op de bodem van de crockpot.

2. Verhit een gietijzeren koekenpan op middelhoog vuur. Kook vervolgens de worstjes tot ze bruin zijn, ongeveer 6 minuten. Verdeel vervolgens de gekookte worst over de hash browns.

3. Leg de geraspte kaas erop.

4. Klop in een grote kom de eieren met de melk schuimig. Voeg de kruiden toe en klop om te combineren. Giet dit mengsel over de lagen in de crockpot.

5. Kook 6 tot 8 uur op laag vuur. Heet opdienen!

Kaas Fries Ovenschotel

(Klaar in ongeveer 8 uur | 6 personen)

Ingrediënten

- 4 Braadworsten, gekookt
- 2 kopjes opgebakken aardappels
- 1 kopje pittige kaas, geraspt
- 1 kopje volle melk
- 4 grote eieren
- 1 eetlepel gegranuleerde knoflook
- 1/4 theelepel gemalen zwarte peper
- 1 theelepel zout
- 1 theelepel droge mosterd

Adressen

1. Kook de worstjes in een pan tot ze niet meer roze zijn. Doe de hash browns in een crockpot.

2. Transformeer de gekookte worstjes in de crockpot samen met hun vet. Leg er sterke kaas op.

3. Combineer de rest van de ingrediënten in een kom. Giet dit eimengsel in de crockpot.

4. Kook ongeveer 8 uur of een nacht op laag vuur. Serveer met mosterd en zure room.

Thanksgiving Spek Braadpan

(Klaar in ongeveer 10 uur | 10 personen)

Ingrediënten

- 1 eetlepel olijfolie
- 1 kopje gehakte groene uien
- 1 groene paprika, in dunne plakjes
- 1 rode paprika, in dunne plakjes
- 2 fijngehakte teentjes knoflook
- 2 pond hash browns, bevroren en ontdooid
- 8 plakjes kalkoenbacon, gekookt
- 1 1/2 kopjes gouda, geraspt
- 10 grote eieren
- 1 kopje melk
- 1/4 theelepel cayennepeper
- 1 theelepel zeezout
- 1/4 theelepel gemalen zwarte peper

- 1 flinke eetlepel verse peterselie

- 1/4 kopje bieslook

Adressen

1. Verhit de olijfolie in een gietijzeren koekenpan op middelhoog vuur. Fruit de groene uien, paprika en knoflook tot de groene uien zacht worden. Voeg de hash browns toe en bak nog 2 minuten.

2. Doe de helft van het ui-aardappelmengsel in je crockpot; bedek vervolgens met de helft van het gekookte spek en bedek met de helft van de geraspte Goudse kaas.

3. Herhaal de lagen op dezelfde manier.

4. Klop de eieren los met de overige ingrediënten; Giet dit eimengsel over de kaaslaag in de crockpot.

5. Kook op laag vuur, 8 tot 10 uur.

geweldige gekruide omelet

(Klaar in ongeveer 2 uur | 4 personen)

Ingrediënten

- 6 eieren
- 1/2 kopje volle melk
- 1 theelepel zeezout
- 1/4 theelepel versgemalen zwarte peper
- 1 theelepel gedroogde basilicum
- 1 theelepel gedroogde oregano
- 1 theelepel gedroogde tijm
- 1/4 theelepel chilipoeder
- 1 kleine bloemkool, in roosjes gesneden
- 1 middelgrote rode ui, gesnipperd
- 1 fijngehakt teentje knoflook
- 1 kop cheddarkaas, geraspt
- bieslook om te versieren

- Olijven om te versieren

Adressen

1. Vet de binnenkant van je crockpot licht in met olie.

2. Klop in een mengkom of maatbeker de eieren, melk en kruiden door elkaar. Mix tot alles goed gemengd is.

3. Voeg de bloemkoolroosjes, uien en knoflook toe aan de crockpot. Voeg het gekruide eimengsel toe.

4. Omslag; kook vervolgens ongeveer 2 uur op hoog vuur, of tot de eieren gestold zijn.

5. Strooi er geraspte kaas over en dek af; laat het zitten tot de cheddarkaas is gesmolten.

6. Verdeel de tortilla in punten, garneer met bieslook en olijven en serveer.

westerse omelet 's nachts

(Klaar in ongeveer 12 uur | 12 personen)

Ingrediënten

- 2 pond hash browns
- 1 kopje spinazie
- 1 pond gekookte ham, in plakjes
- 2 fijngehakte teentjes knoflook
- 1 gele ui, in blokjes gesneden
- 1 rode paprika, ontpit en in blokjes gesneden
- 1 kop Goudse kaas, geraspt
- 10 eieren
- 1 ½ kopje melk
- 1 theelepel zeezout
- 1/4 theelepel versgemalen zwarte peper
- 1/4 theelepel chilipoeder

Adressen

1. Vet je crockpot licht in met anti-aanbakspray.

2. Wissel lagen af in je crockpot. Plaats 1/3 van de opgebakken aardappels; plaats 1/3 van de spinazie; leg dan 1/3 van de gekookte ham, 1/3 van de knoflook, 1/3 van de ui en 1/3 van de paprika.

3. Top met geraspte Goudse kaas; herhaal dezelfde lagen nog twee keer.

4. Meng de resterende ingrediënten in een grote kom. Giet in de crockpot.

5. Dek af met een deksel; kook op laag vuur gedurende 10 tot 12 uur. Serveer met geroosterd brood en mosterd.

Groente- en Hambraadpan

(Klaar in ongeveer 8 uur | 4 personen)

Ingrediënten

- 1/4 kopje extra vergine olijfolie
- 1 pastinaak, geschild en in stukjes gesneden
- 1 raap, geschild en in stukjes gesneden
- 2 fijngehakte teentjes knoflook
- 1 kopje ham gekookt en in blokjes gesneden
- 3/4 kopje volle melk
- 4 grote eieren
- 1/4 theelepel kurkuma
- 1/2 theelepel rozemarijn
- 1/4 theelepel gedroogde tijm
- 1 flinke eetlepel verse peterselie
- croutons om te versieren

Adressen

1. Combineer de eerste vier ingrediënten in je crockpot. Werk af met ham.

2. Meng in een kom de melk, eieren en kruiden. Giet over de groenten en ham in de crockpot.

3. Kook op laag vuur gedurende 6 tot 8 uur. Serveer met croutons.

Romige Havermout Met Bessen

(Klaar in ongeveer 8 uur | 4 personen)

Ingrediënten

- 1 kopje haver

- 1/2 theelepel piment

- 2 kopjes water

- 1 kopje kokoswater

- 1 snufje geraspte nootmuskaat

- 1 snufje gemalen kaneel

- 1 snufje zout

- 1 kopje halve en halve room

- 1/4 kopje bruine suiker

- Bessen naar keuze, om te garneren

Adressen

1. Doe gewoon alle ingrediënten bij elkaar (behalve de bessen) in je crockpot, net voordat je naar bed gaat.

2. Zet de crockpot op laag vuur en laat een nacht koken.

3. Serveer met je favoriete bessen of gemengde bessen en geniet van warm!

Veganistische staal gesneden haver

(Klaar in ongeveer 3 uur | 6 personen)

Ingrediënten

- 2 bananen, gepureerd
- 1 kopje kokoswater
- 4 kopjes water, verdeeld
- 1 kopje staal gesneden haver
- 1/4 kopje gedroogde vijgen
- 1/4 kopje gedroogde veenbessen
- 1 theelepel vanille-extract
- 1/2 theelepel kardemom
- 1/2 theelepel gemalen kaneel
- Kokossuiker naar smaak

Adressen

1. Pureer bananen in je blender; breng vervolgens de gepureerde bakbananen over in een crockpot.

2. Voeg de resterende ingrediënten toe.

3. Kook op middelhoog vuur gedurende 3 uur. Vergeet niet om elke 30 minuten te roeren.

4. Serveer eventueel met extra fruit en eet smakelijk!

Pompoen Staal Gesneden Haver

(Klaar in ongeveer 6 uur | 6 personen)

Ingrediënten

- Nonstick kookspray
- 6 kopjes water
- 1 ½ kopje staal gesneden haver
- 1/2 kopje bruine suiker
- 1 (15-ounce) kan pompoenpuree
- 1 theelepel vanille-extract
- 1 theelepel kardemom
- 1 eetlepel pompoentaartkruiden
- 1 theelepel gemalen kaneel

Adressen

1. Vet je crockpot in met kookspray.

2. Doe alle ingrediënten.

3. Kook op laag vuur gedurende 6 uur. Verdeel over zes serveerschalen, bestrooi met pompoenpitten en serveer.

Overheerlijke French Toast Casserole

(Klaar in ongeveer 5 uur | 8 personen)

Ingrediënten

- 2 broden, in hapklare blokjes gesneden
- 1 theelepel citroenschil
- 6 grote eieren
- 1 ½ kopje melk
- 1 theelepel puur amandelextract
- 1 kopje half en half
- 1/4 theelepel geraspte nootmuskaat
- 1/4 theelepel gemalen kruidnagel
- 1 theelepel gemalen kaneel
- 1 kopje bruine suiker
- 3 eetlepels gesmolten boter
- 2 kopjes gehakte amandelen

Adressen

1. Vet een crockpot in met anti-aanbakspray of gesmolten boter.

2. Verwarm de oven voor op 225 graden F. Plaats de voorbereide broodblokjes op een bakplaat en bak ongeveer 30 minuten, of tot de broodblokjes droog zijn.

3. Leg de broodblokjes op de bodem van je crockpot.

4. Meng citroenschil, eieren, melk, amandelextract, half en half, nootmuskaat, kruidnagel en kaneel. Giet dit mengsel over de broodblokjes in de crockpot.

5. Combineer bruine suiker, boter en amandelen in een aparte kleine kom. Voeg je crockpot toe.

6. Zet de crockpot op laag vuur; dek af en kook ongeveer 5 uur.

7. Serveer eventueel met fruit en ahornsiroop.

Tater Tot Ontbijt Braadpan

(Klaar in ongeveer 8 uur | 8 personen)

Ingrediënten

- 1 pakket (30 ons) aardappelkoekjes
- 1 kopje spek
- 1 kopje gehakte groene uien
- 2 kopjes pikante kaas, geraspt
- 12 eieren
- 1 kopje volle melk
- 3 eetlepels bloem voor alle doeleinden
- 1/4 theelepel gemalen zwarte peper
- 1/4 theelepel cayennepeper
- 1 theelepel koosjer zout

Adressen

1. Doe in een ingevette crockpot 1/3 van de aardappelkoekjes, vervolgens 1/3 van het spek, 1/3 van de groene uien en tenslotte 1/3 van de geraspte kaas. Herhaal deze lagen nog twee keer en eindig met de kaas.

2. Meng in een grote kom de rest van de ingrediënten; toevoegen aan de crockpot.

3. Bedek de crockpot en breng het aan de kook; kook dan 6 tot 8 uur.

Zacht en heerlijk karnemelkbrood

(Klaar in ongeveer 3 uur | 8 personen)

Ingrediënten

- 1 ½ kopje bloem voor alle doeleinden
- 1 theelepel zuiveringszout
- 1 theelepel bakpoeder
- een snufje zout
- 4 eetlepels boter, in stukjes gesneden
- Een snufje geraspte nootmuskaat
- 3/4 kop karnemelk

Adressen

1. Combineer bloem voor alle doeleinden, bakpoeder, bakpoeder en zout in een grote mengkom; snij in boter tot dit mengsel op kleine kruimels lijkt.

2. Voeg de geraspte nootmuskaat en karnemelk toe.

3. Kneed het deeg en plaats het in een ingevette uitneembare vorm.

4. Plaats op een rooster; dek af en kook op hoog vuur gedurende ongeveer 2 ½ uur. Serveer met melk.

heerlijk kruidenbrood

(Klaar in ongeveer 3 uur | 8 personen)

Ingrediënten

- 1 ½ kopje bloem voor alle doeleinden
- 1 theelepel bakpoeder
- 1 theelepel zuiveringszout
- 1 theelepel gedroogde dille
- 1 theelepel gemalen zwarte peper
- 1 eetlepel gedroogde bieslook
- een snufje zout
- 4 eetlepels koude margarine, in stukjes gesneden
- 3/4 kop karnemelk

Adressen

1. Combineer de eerste zeven ingrediënten in een kom. Snijd vervolgens de gekoelde margarine erdoor tot het mengsel op kleine kruimels lijkt.

2. Voeg de karnemelk toe en leg het deeg terug op het met bloem bestoven oppervlak.

3. Kneed je deeg ongeveer 3 minuten.

4. Leg op een rooster en bak ongeveer 2 uur op de hoogste stand. Serveer warm en geniet met kaas.

Cranberry Rozijnen Zemelen Brood

(Klaar in ongeveer 3 uur | 16 personen)

Ingrediënten

- 1/2 kopje volkoren meel
- 1 ½ kopje bloem voor alle doeleinden
- 1 theelepel bakpoeder
- 1 theelepel zuiveringszout
- 1 theelepel pompoentaartkruiden
- 1 theelepel piment
- 1/4 theelepel geraspte nootmuskaat
- 1/2 theelepel zout
- 1 ½ kopje volkoren zemelen graanvlokken
- 2 kopjes karnemelk
- 1/4 kopje ahornsiroop
- 3 eetlepels gesmolten boter
- 2 eieren

- 1/2 kopje gedroogde veenbessen, grof gehakt

- 1/2 kopje rozijnen, grof gehakt

- 1/4 kopje walnoten, gehakt

- 1/4 gehakte walnoten

Adressen

1. Combineer in een grote mengkom de eerste negen ingrediënten tot alles goed gecombineerd is.

2. Voeg vervolgens karnemelk, ahornsiroop, boter, eieren toe; roer om te combineren.

3. Spatel voorzichtig de veenbessen, rozijnen, walnoten en walnoten erdoor.

4. Giet het voorbereide beslag in een ingevette en met bloem bestoven broodvorm.

5. Bak ongeveer 3 uur op de hoogste stand, of tot een tandenstoker (of mes) die je in het midden van je brood steekt er schoon uitkomt.

6. Serveer met fruitjam of honing!

Slordige Joe Burgers

(Klaar in ongeveer 3 uur | 12 personen)

Ingrediënten

- 2 pond mager rundergehakt
- 1 gele ui fijngesneden
- 1 courgette in stukjes
- 1 fijngesneden gele paprika
- 1 rode paprika fijngesneden
- 1 kop champignons, in plakjes
- 1/2 kopje gebakken spek, verkruimeld
- 1 theelepel knoflookpoeder
- 1/2 theelepel chilipoeder
- 3/4 kopje tomatenpuree
- 1 kopje magere kaas, in blokjes gesneden
- 2 laurierblaadjes
- 1 theelepel zeezout

- 1/4 theelepel gemalen zwarte peper

- 12 hamburgerbroodjes

Adressen

1. Kook in een grote pan of wok op middelhoog vuur het gehakt met ui, courgette en paprika. Kook tot het gehakt bruin is.

2. Voeg toe aan de slowcooker en voeg vervolgens de resterende ingrediënten toe (behalve scones).

3. Kook op laag vuur gedurende 2 tot 3 uur. Serveer op hamburgerbroodjes en voeg indien gewenst augurken toe.

Walnotengranola met kokosolie

(Klaar in ongeveer 2 uur en 30 minuten | 12 personen)

Ingrediënten

- bak spray
- 4 kopjes gerolde haver, ouderwets
- 1 kopje gehakte amandelen
- 1/2 kopje walnoten, gehakt
- 1/2 theelepel piment
- 1 theelepel kaneel
- een snufje zout
- 1/2 kopje ahornsiroop
- 1/2 kopje gesmolten kokosolie
- 1/4 kopje bruine suiker
- 1 theelepel puur amandelextract

Adressen

1. Vet je crockpot in met kookspray. Voeg de havervlokken toe en reserveer.

2. Voeg de amandelen en walnoten toe.

3. Meng in een kom de overige ingrediënten.

4. Giet dit mengsel over de haver en walnoten in de crockpot.

5. Kook ongeveer 2 uur op laag vuur, roer elke 30 minuten.

6. Spreid de voorbereide granola uit op een vel aluminiumfolie en laat afkoelen.

Maisbrood met Kruiden Chili

(Klaar in ongeveer 2 uur | 8 personen)

Ingrediënten

- 3/4 kopje bloem voor alle doeleinden
- 1/4 kopje maïsmeel
- 1 lepel suiker
- 1 theelepel zuiveringszout
- 1 theelepel bakpoeder
- 1 theelepel gedroogde basilicum
- 1 theelepel gemalen komijn
- 1/2 theelepel gedroogde oregano
- 1/2 theelepel zout
- 1 groot ei, losgeklopt
- 1/2 kopje karnemelk
- 1/4 poblano peper, gekookt en fijngehakt
- 1/4 kopje hele korrelmaïs

Adressen

1. Combineer de eerste tien ingrediënten in een grote mengkom.

2. Voeg de karnemelk, poblano en maïs toe en roer. Roer goed om te combineren.

3. Leg het deeg in een ingevette en met bloem bestoven ovenschaal.

4. Plaats vervolgens deze bakplaat op een rooster in je crockpot. Omslag; kook op hoog vuur ongeveer 2 uur.

5. Laat ongeveer 10 minuten afkoelen alvorens te serveren.

Bananenbrood met caramelsmaak

(Klaar in ongeveer 2 uur | 8 personen)

Ingrediënten

- 4 eetlepels gesmolten boter
- 1/4 kopje appelmoes
- 2 middelgrote eieren
- 1 eetlepel water
- 1 eetlepel melk
- 3/4 kopje bruine suiker
- 3 rijpe bananen, gepureerd
- 1 ¾ kopjes bloem voor alle doeleinden
- 1 theelepel bakpoeder
- 1 theelepel zuiveringszout
- 1/4 theelepel zout.
- 1/4 kop grof gehakte amandelen

Adressen

1. Klop in een kom de boter, appelmoes, eieren, water, melk en bruine suiker glad en romig.

2. Voeg geprakte bananen, bloem, bakpoeder, bakpoeder en zout toe. Voeg de amandelen toe.

3. Giet het beslag in een geschikte broodvorm.

4. Kook ongeveer 3 uur op de hoogste stand tot een tandenstoker (of mes) die je in het midden van je bananenbrood steekt er schoon uitkomt.

5. Haal het bananenbrood uit de bakvorm en laat afkoelen tot kamertemperatuur.

Pompoen- en amandelbrood

(Klaar in ongeveer 3 uur en 30 minuten | 16 personen)

Ingrediënten

- 1 kop ingeblikte pompoen
- 4 eetlepels gesmolten margarine
- 1/2 kopje kristalsuiker
- 2 middelgrote eieren, losgeklopt
- 1/2 kopje melk
- 2 kopjes All-purpose Flour
- 1 theelepel bakpoeder
- 1 theelepel zuiveringszout
- 1/4 theelepel geraspte nootmuskaat
- 1 theelepel pompoentaartkruiden
- een snufje zout
- 1/2 kopje gehakte geroosterde amandelen

Adressen

1. Meng in een grote kom de pompoen met de margarine en suiker tot alles goed gemengd is; voeg eieren en melk toe.

2. Voeg bloem, bakpoeder, bakpoeder, nootmuskaat, pompoentaartkruiden en zout toe; meng de gehakte amandelen erdoor.

3. Giet het beslag in een broodvorm en plaats deze in je crockpot. Kook op hoog vuur ongeveer 3 ½ uur.

4. Laat je pompoenbrood afkoelen op een rooster. Serveer met honing en geniet ervan!

rozemarijnbrood met kaas

(Klaar in ongeveer 2 uur | 8 personen)

Ingrediënten

- 6 eetlepels boter op kamertemperatuur
- 1 kopje geraspte Parmezaanse kaas
- 1 eetlepel verse rozemarijn
- 1 medium gesneden brood

Adressen

1. Combineer de boter, Parmezaanse kaas en verse rozemarijn en meng tot alles goed gemengd is.

2. Snijd het brood in 8 sneetjes. Besmeer beide kanten van de sneetjes brood met het rozemarijn-kaasmengsel.

3. Wikkel de sneetjes brood in aluminiumfolie.

4. Plaats in je crockpot en kook op laag gedurende 2 uur. Dek af en laat ongeveer 5 minuten afkoelen.

Vegetarische Sloppy Joe's

(Klaar in ongeveer 3 uur | 8 personen)

Ingrediënten

- 1 kop champignons, in dunne plakjes gesneden
- 1 kop gesnipperde ui
- 1 rode paprika fijngesneden
- 1/4 poblano peper, gehakt
- 2 theelepels gehakte knoflook
- 1 kop tomatensaus
- 1 theelepel selderijzaad
- 1 ½ kopje water
- 1/4 kopje suiker
- 1 theelepel koosjer zout
- 1/4 gemalen zwarte peper
- 8 volkoren burgerbroodjes

Adressen

1. Combineer champignons, uien, paprika, poblano peper, knoflook, ketchup, selderijzaad, water en suiker.

2. Bedek je crockpot met een deksel en kook Sloppy Joes 2 tot 3 uur op hoog vuur. Kruid met peper en zout.

3. Serveer in broodjes met je favoriete salade.

Luxe steaksandwiches

(Klaar in ongeveer 3 uur | 12 personen)

Ingrediënten

- 2 pond mager rundergehakt

- 1 rode paprika fijngesneden

- 1 fijngehakte groene paprika

- 1 gesnipperde gele ui

- 1 kop champignons, in dunne plakjes gesneden

- 2 fijngehakte teentjes knoflook

- 1/2 kopje gebakken kalkoenspek, verkruimeld

- 3/4 kopje tomatenpuree

- 1 eetlepel tomatensaus

- 2 eetlepels droge rode wijn

- 1 kopje smeltkaas, in blokjes gesneden

- zout en peper naar smaak

- 12 broodjes, geroosterd

Adressen

1. Verhit een grote koekenpan op middelhoog vuur; kook rundergehakt, paprika en ui tot het vlees bruin is en de ui doorschijnend is. Vervang de crockpot.

2. Voeg resterende ingrediënten toe behalve sandwichbroodjes; kook ongeveer 3 uur op laag vuur.

3. Serveer op sandwichbroodjes, garneer met mosterd en salade en geniet ervan.

De lekkerste vleessandwiches

(Klaar in ongeveer 3 uur | 12 personen)

Ingrediënten

- 1 pond rund- en varkensvleesmix, gemalen
- 3/4 kopje gehakte bieslook
- 1 fijngehakt teentje knoflook
- 1 kop tomaten, in blokjes gesneden en uitgelekt
- 1 eetlepel worcestershiresaus
- 1/4 kop verpakte lichtbruine suiker
- 1 eetlepel mosterd
- 1 opgehoopte eetlepel koriander
- 1 flinke eetlepel verse peterselie
- 1 theelepel zeezout
- 1/4 theelepel gemalen zwarte peper
- 1/4 theelepel geplette rode peper
- 12 geroosterde broodjes

Adressen

1. Kook in een brede, diepe pan op middelhoog vuur het gemengde vlees, de lente-ui en de knoflook; vlokken met een vork; toevoegen aan de crockpot.

2. Voeg resterende ingrediënten toe behalve sandwichbroodjes; kook op hoog vuur 2 tot 3 uur.

3. Beleg de sandwiches met broodjes en serveer met wat extra ketchup en mosterd.

Broodjes BBQ-kip

(Klaar in ongeveer 8 uur | 8 personen)

Ingrediënten

- 1 pond kipfilets, zonder bot en vel
- 1/2 kopje kippenbouillon
- 1/4 kopje BBQ-saus
- 1/4 kopje water
- 1 kop tomatensaus
- 2 eetlepels droge witte wijn
- 1/3 kopje gele mosterd
- 1 theelepel dragon
- 1 stengel bleekselderij fijngehakt
- 1 grote wortel, in stukjes gesneden
- 2 eetlepels bruine suiker
- 1/2 kopje gehakte ui
- 1 fijngehakt teentje knoflook

- zout en peper naar smaak

- 8 hamburgerbroodjes

Adressen

1. Combineer in je crockpot alle ingrediënten behalve de burgerbroodjes.

2. Dek af met een deksel en kook op laag vuur gedurende 6 tot 8 uur, of 's nachts. Versnipper vervolgens de gekookte kip, breng op smaak en serveer met koekjes.

Broodjes Pittig Varkensvlees

(Klaar in ongeveer 8 uur | 12 personen)

Ingrediënten

Voor de broodjes:

- 1 gebraden varkenslende, zonder bot
- 1 theelepel knoflookpoeder
- 1 theelepel uienpoeder
- 1/4 theelepel gemalen zwarte peper
- zeezout naar smaak
- 1/2 kopje water
- 12 broodjes

Voor de saus:

- 1 kopje magere mayonaise
- 1 fijngehakt teentje knoflook
- 2 eetlepels citroensap

Adressen

1. Wrijf varkenshaas in met knoflookpoeder, uienpoeder, gemalen zwarte peper en zout naar smaak. Water schenken. Plaats in een crockpot en kook op laag vuur gedurende de nacht, of ongeveer 8 uur.

2. Haal het varkensvlees uit de crockpot en versnipper het.

3. Meng alle ingrediënten voor de saus.

4. Leg het gekookte varkensvlees op de bodem van de sandwichbroodjes. Schep vervolgens de bereide saus erin en leg de bovenkant van de broodjes. Genieten!

Zomerse granola met zaden

(Klaar in ongeveer 2 uur | 16 personen)

Ingrediënten

- 6 kopjes haver, ouderwets
- 1 kopje pompoenpitten
- 1 kopje zonnebloempitten
- 1/2 theelepel koosjer zout
- 2 eetlepels sinaasappelsap
- 1/2 kopje koolzaadolie
- 1 kopje ahornsiroop
- 1/2 kop gedroogde vijgen, gehakt
- 1 kop gedroogde ananas, gehakt

Adressen

1. Combineer de haver, pompoenpitten, zonnebloempitten en zout in een crockpot.

2. Klop in een kleine kom sinaasappelsap, olie en ahornsiroop tot het gemengd is. Voeg dit mengsel toe aan het havermengsel.

3. Kook, afgedekt, ongeveer 2 uur op hoog vuur en roer elke 20 minuten.

4. Haal van het vuur en laat de granola afkoelen. Voeg de gedroogde vijgen en ananas toe en roer goed door elkaar.

5. Leg de voorbereide granola op een bakplaat en verdeel gelijkmatig. Laat volledig afkoelen voordat u het opbergt.

Makkelijk te maken dadel granola

(Klaar in ongeveer 3 uur | 6 personen)

Ingrediënten

- 1/4 kopje honing
- 6 eetlepels appelmoes
- 1/4 theelepel kardemom
- 1/4 theelepel geraspte nootmuskaat
- 1/4 theelepel gemalen kruidnagel
- 1 theelepel gemalen kaneel
- een snufje zout
- 1 theelepel vanille-extract
- 1/2 theelepel ahornextract
- 1 eetlepel hennepzaad
- 3 kopjes gerolde haver
- 1 kopje geroosterde en gehakte walnoten
- 1 kopje Medjool-dadels, ontpit en fijngehakt

Adressen

1. Doe honing, appelmoes, kardemom, nootmuskaat, kruidnagel, kaneel, zout, vanille-extract en ahornextract in je crockpot. Voeg de hennepzaden toe en roer goed om te combineren.

2. Voeg havermout en noten toe. Roer om te combineren.

3. Kook op hoog vuur gedurende 3 uur, terwijl u het deksel lichtjes uitwaaiert. Roer af en toe. Laat iets afkoelen en voeg dan de gehakte dadels toe.

4. Giet je granola op een bakplaat en laat volledig afkoelen voordat je hem in de luchtdichte bakjes serveert.

Esdoorn Kokos Granola

(Klaar in ongeveer 3 uur | 6 personen)

Ingrediënten

- 1/4 kopje ahornsiroop
- 2 eetlepels koolzaadolie
- 1 kopje gepelde zonnebloempitten
- 2 eetlepels chiazaad
- 1/4 theelepel gemalen kruidnagel
- 1 theelepel gemalen kaneel
- een snufje zout
- 1 theelepel puur vanille-extract
- 1 kop kokosvlokken
- 3 kopjes gerolde haver
- 1 kopje gehakte amandelen
- 1 kopje gedroogde kersen, gehakt

Adressen

1.Combineer ahornsiroop, canola-olie, zonnebloempitten, chiazaad, gemalen kruidnagel, kaneel, zout, vanille-extract, kokosvlokken en gerolde haver in een crockpot.

2.Kook ongeveer 3 uur, af en toe roerend. Laat de granola ongeveer 15 minuten afkoelen; voeg amandelen en gedroogde kersen toe. Roer tot alles goed is opgenomen.

3.Spreid uit op een bakplaat om volledig af te koelen.

sandwiches met pulled pork

(Klaar in ongeveer 3 uur | 12 personen)

Ingrediënten

- 1 gebraden varkenslende, zonder bot
- 1 theelepel kerriepoeder
- 1 theelepel cayennepeper
- 1/2 theelepel geraspte gember
- 1 kopje runderbouillon
- Zout naar smaak
- 1/4 theelepel zwarte peper
- 1 laurierblad
- 48 sneetjes brood

Adressen

1. Wrijf geroosterde varkenslende in met kerriepoeder en cayennepeper.

2. Doe het gekruide varkensvlees in je crockpot; voeg geraspte gember en runderbouillon toe. Voeg zout, zwarte peper en laurier toe.

3. Kook ongeveer 3 uur op laag vuur. Snijd het gekookte varkensvlees in dunne reepjes. Proef en pas smaakmakers aan.

4. Maak sandwiches door op elk sneetje brood vlees met saus te lepelen.

sandwiches met wintervlees

(Klaar in ongeveer 8 uur | 12 personen)

Ingrediënten

- 1 middelgrote rosbief, zonder bot
- 1/2 theelepel zeezout
- 1/4 theelepel zwarte peper
- 1 theelepel gedroogde basilicum
- 1 eetlepel verse salie
- 2 kopjes runderbouillon
- 1 kopje droge rode wijn
- 1 fijngehakt teentje knoflook
- 7-8 peperkorrels
- 12 broodjes
- zuurkool om te versieren
- pepers om te versieren

Adressen

1. Kruid de rosbief met zeezout en zwarte peper en doe in een crockpot.

2. Voeg basilicum, salie, runderbouillon, wijn, knoflook en peperkorrels toe. Dek af en laat ongeveer 8 uur sudderen, of 's nachts.

3. Serveer het gekookte rundvlees in sandwichbroodjes met zuurkool en chilipepers.

Tomatensoep voor elke dag

(Klaar in ongeveer 3 uur | 6 personen)

Ingrediënten

- 8 ons macaroni, gekookt

- 1 blik (16 ons) kleine tomatenblokjes, uitgelekt

- 1/2 kopje gehakte prei

- 1 kopje volle melk

- 1 kopje water

- 1 eetlepel maïsmeel

- 3 eieren, licht losgeklopt

- 1/2 kopje geraspte pikante kaas

- 1/2 theelepel gemalen kaneel

- Zout naar smaak

- Paprika, als garnering

Adressen

1. Combineer de macaroni, tomaten en prei in een crockpot.

2. Meng in een kom de overige ingrediënten, behalve de paprika; Giet over de macaroni in de crockpot.

3. Laat ongeveer 3 uur sudderen of tot de room stevig is; verdeel over de borden en bestrooi met paprikapoeder.

Vier Kaas Macaroni Braadpan

(Klaar in ongeveer 3 uur | 8 personen)

Ingrediënten

- Nonstick kookspray met botersmaak
- 3 kopjes volle melk
- 1/3 kopje bloem voor alle doeleinden
- 1 kopje Colby-Jack, verkruimeld
- 1 kopje magere mozzarella, geraspt
- 1 kop cheddarkaas, geraspt
- 500 g macaroni, al dente gekookt
- 1/2 kopje Parmezaanse kaas

Adressen

1. Behandel een crockpot met kookspray.
2. Meng melk en bloem in een grote kom tot een gladde massa; voeg resterende ingrediënten toe behalve macaroni en Parmezaanse kaas.
3. Macaroni toevoegen en bestrooien met Parmezaanse kaas.
4. Dek af en kook op laag vuur gedurende 3 uur.

Romige Groentenoedelschotel

(Klaar in ongeveer 5 uur | 6 personen)

Ingrediënten

- 1 kop 2% magere melk
- 1 ½ kopje champignonroomsoep
- 2 eetlepels magere mayonaise
- 1 kopje smeltkaas, geraspt
- 1 groene paprika
- 1 grote wortel, in stukjes gesneden
- 1/3 stengel bleekselderij, gehakt
- 1/3 kopje gehakte ui
- 1/4 theelepel zeezout
- 1/4 theelepel gemalen zwarte peper
- 6 ons noedels, al dente gekookt
- 1/2 kopje kikkererwten
- 1 eetlepel boter
- 1/3 kopje verse broodkruimels
- 1/3 kopje gehakte pijnboompitten

Adressen

1. Combineer de eerste tien ingrediënten in een crockpot.

2. Voeg gekookte noedels toe; dek af met een geschikt deksel en kook op laag vuur gedurende 5 uur. Voeg de laatste 30 minuten kooktijd de kikkererwten toe.

3. Smelt de boter in een gietijzeren koekenpan op middelhoog vuur; kook het paneermeel en de pijnboompitten ongeveer 5 minuten. Strooi in de voorbereide braadpan en serveer!

ouderwetse pasta bolognese

(Klaar in ongeveer 7 uur | 6 personen)

Ingrediënten

- 1/2 pond gemalen varkensvlees
- 1/2 pond rundergehakt
- 1/4 kopje gehakte ui
- 3 teentjes knoflook, gehakt
- 1/4 kopje gehakte wortel
- 1½ theelepel droge Italiaanse kruiden
- 1 blik (8 ons) tomatensaus, ongedraineerd
- 1 grote tomaat, in blokjes
- 1/4 kopje droge rode wijn
- 1 theelepel zeezout
- 1/4 theelepel peper
- 1/4 theelepel cayennepeper
- 12 ons spaghetti, gekookt

Adressen

1. In een zware koekenpan met anti-aanbaklaag het rundergehakt gedurende 8 minuten op middelhoog vuur bruin bakken; vlokken met een vork.

2. Voeg de resterende ingrediënten, behalve de spaghetti, toe aan de crockpot. Dek af en kook op laag vuur gedurende 6 tot 7 uur.

3. Serveer de bereide saus over de spaghetti en serveer warm.

www.ingramcontent.com/pod-product-compliance
Lightning Source LLC
Chambersburg PA
CBHW070422120526
44590CB00014B/1504